Plaisirs, varennes et capitaineries

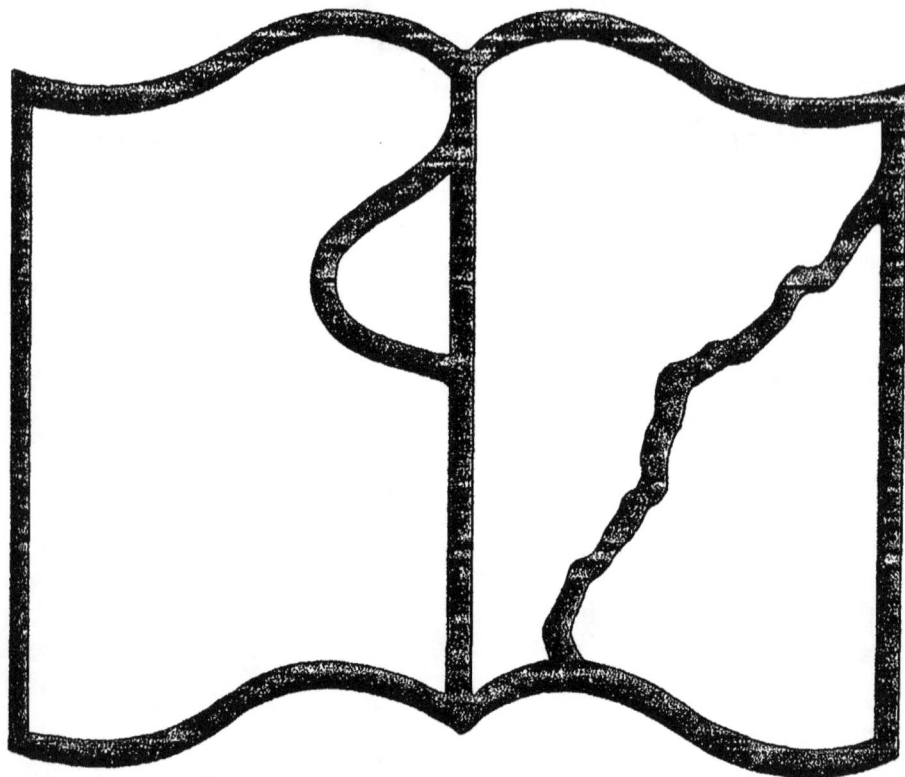

Symbole applicable
pour tout, ou partie
des documents microfilmés

Texte détérioré — reliure défectueuse

NF Z 43-120-11

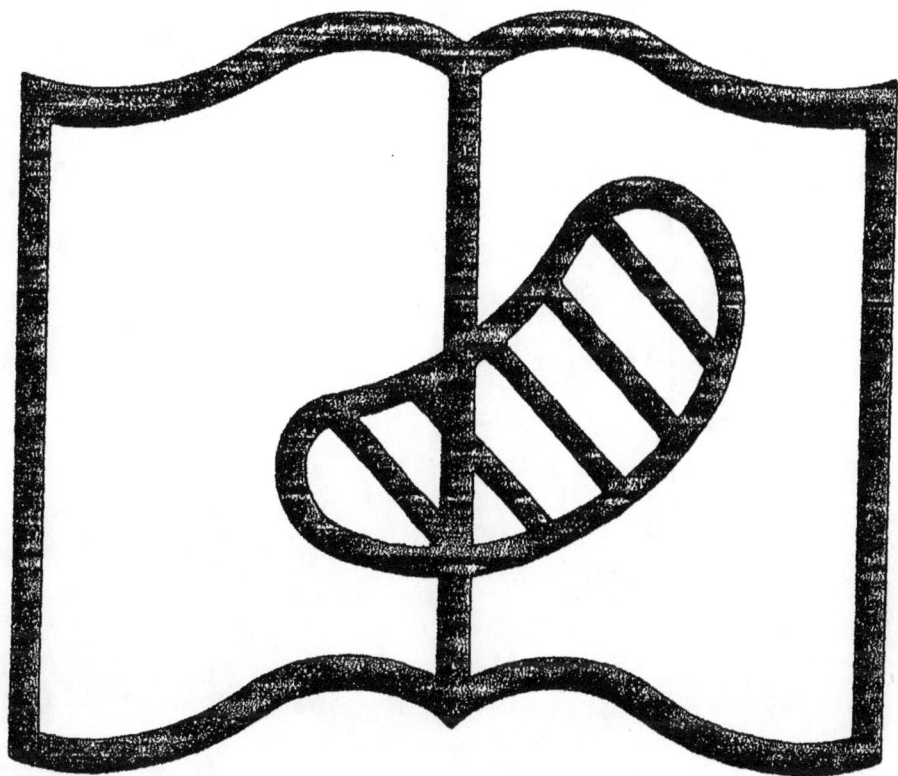

Symbole applicable
pour tout, ou partie
des documents microfilmés

Original illisible

NF Z 43-120-10

$Lf\ \dfrac{12}{6}$

PLAISIRS,
VARENNES,
ET
CAPITAINERIES.

A PARIS,

De l'Imprimerie de PRAULT, Pere,
Quai de Gêvres, au Paradis.

M. DCC. XLIV.

A MONSEIGNEUR

LE DUC

DE NOAILLES,

Pair & Maréchal de France, Miniſtre d'Etat, Capitaine général des Troupes de Sa Majeſté Catholique, Chevalier des Ordres du Roi & de celui de la Toiſon d'Or, &c. Gouverneur & Capitaine des Chaſſes de S. Germain en Laye.

MONSEIGNEUR.

J'ai éxécuté vos Ordres avec zéle : j'ai pris la défenſe

de la Capitainerie de S. Germain en Laye, au sujet de quelques contestations récemment élévées au Conseil & promptement dissipées. Le succès a répondu à mes vœux : Des Particuliers, des Corps entiers ont succombé. Me sera-t-il aujourd'hui permis de réünir cette même défense, sous un seul point de vue ? J'espere que cet Ouvrage fera connoître qu'il n'y a rien de plus fixe & de plus autentique que les Principes qui régissent les Capitaineries Royales : Principes infiniment simples ; mais, jusqu'à présent, si noyés, si peu développés, & présentés d'une maniere si confuse, que l'on ne *sera pas fâché, qu'un même coup d'œil puisse les trouver rassemblés & démêlés dans un Mémoire dont la brièveté & la méthode, répondront à l'importance de l'objet. Un autre fruit que produira cet ouvrage, c'est qu'à la vûe des Arrêts ou Décisions qu'il renferme, on doit se flatter de voir cesser à l'avenir tous Procès & toutes difficultés, dans une matiere uniquement consacrée aux Plaisirs.*

J'ai l'honneur d'être, avec un très-profond respect,

MONSEIGNEUR,

Votre très-humble & très-obéïssant serviteur,
BOCQUET DE CHANTERENNE,
Avocat au Conseil, Lieutenant de Robe
Longue de la Capitainerie de Monceaux.

AVERTISSEMENT.

CE Mémoire a été fait pour résou-
dre des Contestations élevées dans
des Capitaineries Royales ; Contestations
terminées par des Arrêts ou Décisions
que l'on trouvera au nombre des Piéces
justificatives. Dans le vû de l'un de ces
Arrêts (1) rendu pour la Capitainerie
de S. Germain en Laye le 11 Janvier
1744, sont rappellés en substance, plusieurs Principes de cet ouvrage.

(P. 123. & suiv.)

MEMOIRE

MEMOIRE

Sur les Plaisirs, Varennes &
Capitaineries des Chasses
de Sa Majesté.

ON peut réduire à quatre
Chefs principaux les diffé-
rentes matiéres qui sont propres
aux Capitaineries Royales.

Origine des Capitaineries ;
premier Chef.

Jurisdiction des Capitaineries,
second Chef.

Nature des Charges, troisiéme Chef.

A

Privileges des Officiers, quatriéme Chef.

L'examen du premier Chef fera connoître l'ancienneté, le principe & l'objet des Capitaineries Royales.

Par le second, on verra quelle a été autrefois & quelle est aujourd'hui la Jurisdiction de ces Capitaineries.

La nature des Charges des Officiers qui composent ces mêmes Capitaineries, fera la matiere du troisiéme examen.

Enfin les Privileges attachés aux Officiers qui sont commis par SA MAJESTE' pour la garde de ses Plaisirs; Quatriéme Chef qui fera traité en peu de mots.

Il n'y a point de difficulté sur aucun fait de Capitaineries Royales ; point de doute ; en un mot, point de question (telle qu'elle puisse être) qui ne trouve sa décision dans l'examen & dans l'indivisibilité de ces quatre points capitaux.

Cette matiere porte sa recommandation par elle - même : Au fonds, & dans la forme, tout est grand, tout est respectable. Au fonds, il s'agit des Plaisirs de SA MAJESTE' : Dans la forme, il s'agit de la maniere dont ces mêmes Plaisirs doivent être régis & maintenus par la Justice.

Il s'agit ensuite de sçavoir, quelle est la qualité des Officiers qui

A ij

composent les Capitaineries, lorsqu'on les considere par rapport à la personne Auguste de SA MAJESTE', & quelle est enfin leur qualité, lorsqu'on les considere par rapport aux autres Sujets.

Les Ordonnances Royaux sont ici l'unique source des Decisions, & le terme de toutes difficultés. C'est là que se puise la veritable intelligence de tout ce qui a rapport aux Capitaineries Royales; c'est là que réside le droit primitif de la Chasse, & même la définition de ce droit. Il y est établi d'une maniere si solide & si évidente, tant à l'égard des Maisons Royales, & des Forêts & Plaines qui les environnent, qu'à l'égard des Officiers préposés pour les garder, qu'on ne peut, sans une extrême injustice, en contester l'execution dans aucun Chef.

Non seulement les Ordonnances ont fixé la nature & la jurisdiction des Plaisirs, elles ont encore voulu que les Officiers qui y sont employés, comprissent par leur état & par leurs privileges, qu'on ne peut être appellé au service des Plaisirs, ni *par la venalité ni par l'hérédité*, mais par la volonté du Prince, qui les incorporant à sa Maison (pour autant de tems qu'il lui plaît) leur transmet toutes les prérogatives de la Commensalité.

Ces connoissances néanmoins

ne peuvent acquerir le degré de lumiere qui leur eſt néceſſaire qu'en les enviſageant dans leur fin principale ; c'eſt-à-dire , en conſiderant moins l'Officier en lui-même , que dans la perſonne de Sa Majeſté qu'il a l'honneur de ſervir dans ſes Plaiſirs.

ORIGINE

DES CAPITAINERIES.

La Chaſſe en France eſt un droit & un plaiſir qui réſide dans la perſonne du Souverain , à titre de *proprieté* ; & dans la perſonne des Seigneurs, Gentilshommes & Nobles ſur leurs Terres, à titre de *conceſſion*.

Sous les deux premieres Races,

on lit dans l'Histoire que les Rois s'attachoient singulierement à l'éxercice de la Chasse ; qu'ils avoient attention d'y faire exercer, dans certains tems marqués, les Princes, leurs enfans ; & qu'il y avoit des Forêts Royales & des Varennes où la Chasse étoit févérement prohibée, parce que les Rois y prenoient leur *Plaisir* de Chasse ; *Warennam liberam atque securam, regali more.* *.

* Suivant Eginhard, Secretaire de Charlemagne, les Chasses d'Automne étoient solemnelles, & pour cet effet, les Forêts Royales devoient être *salvæ & defensæ*. Cette *défense* du tems de Charles le Chauve, s'étendoit jusques sur le Fils du Roy, & les Auteurs ou Jurisconsultes qui traitoient alors cette matiere, estimoient que la transgression d'une pareille *défense*, devoit moins se considerer par la cho-

Capitul. Car. Calv. chap. 34.

Sous la troifiéme Race, ce point de droit public a été mis dans tout fon jour. Les Forêts de la Couronne font devenues abfolument défenfables. *L'occupation ou l'appréhenfion* des bêtes fauvages a ceffé d'être regardée comme un moyen de les acquerir ; les Loix ont interdit toute efpece de Chaffe aux perfonnes d'un état ferf, méchanique ou roturier. La Majefté du Légiflateur qui s'attribuoit ce *Plaifir* & cet *exercice* comme un délaffement réfervé au Thrône, a mis le Sceau à cette défenfe *.

fe même, que par proportion à la Majefté de celui qui décernoit la *défenfe*, *MAJESTATE INTERDICENTIS.*

* Philippes le Bel en 1311. & Char-

Enfin la vue du bien public
ayant fait connoître combien la
défenſe de la Chaſſe étoit fondée ſur le véritable intérêt de
l'Etat, on a compris, d'une part,
qu'il y a des cas où le Droit
civil peut temperer le droit des
gens, & le faire plier au bien de
la Nation; & , d'autre part, on a
reconnu que le Prince, en défen-
dant la Chaſſe, procuroit l'abon-
dance & la ſûreté du Royaume;
parce que dans le tems qu'il ſe
réſervoit un Plaiſir, qui n'eſt jamais plus entier, que lorſqu'il n'eſt

les le Bel en 1321. ordonnerent par
Teſtament, *Que Recompenſes ſeroient
faites, en argent, à certains Particuliers, voiſins de leurs Forêts, pour le dommage que leur ont fait les bétes rouſſes
& noires.*

François I.
Mars 1515. point partagé, il empêchoit *les Laboureurs de déferter leurs charrues, les Artifans leurs métiers, & les Marchands leur commerce.*

Mais fi la plenitude & le droit primitif de la Chaffe réfide dans la perfonne du Souverain à titre de *propriété*, il a voulu néanmoins qu'à titre de *conceffion* les Seigneurs, Gentils-Hommes & Nobles euffent la facultéde chaffer fur leurs Terres, pourvû qu'ils obfervaffent les diftances convenables à l'égard des PLAISIRS, les tems propres pour chaque efpéce de Chaffe & les ufages prefcrits par les Ordonnances.

François
I. Ordon. François I. a confideré *que les*

Nobles après avoir exposé leurs du mois
personnes, tant au fait des guer- d'Aoust
res, qu'ailleurs, au Service du 1533.
Prince & autour de sa Personne,
n'avoient point d'autre ébat, ré-
création, ni exercice approchant
celui des armes, qu'ès Chasses.

Mêmes expressions dans la Henri III.
bouche d'Henri III. qui définis- Ordon. du
sant la Chasse, l'appelloit UN mois de
Decembre
PLAISIR QUI NOUS 1581.
DOIT ESTRE RE'SER-
VE' *& aux Princes, Seigneurs*
& Gentils-Hommes, pour les ré-
créer en tems de paix, au retour
des guerres . . . comme chose plus
que nulle autre approchante le fait
des armes & bienséante à la No-
blesse.

Henri IV.
Ordonn.
Jan. 1600.
Juin 1601.
Juil. 1607.

Henri IV. a rendu ces differentes notions encore plus dif-
tinctes, fans y rien changer quant
au fonds. Il a remarqué d'abord
*que les Rois fes Prédeceffeurs fe
propofant de réprimer la licence
qu'un chacun s'eft voulu de tout
tems attribuer, de chaffer indif-
feremment partout, ont fait à cet
égard plufieurs belles Ordonnances qui ont été inviolablement en-
tretenues & gardées jufqu'aux
guerres civiles. Depuis qu'il a
plû à Dieu nous donner une bonne
paix :* (ajoute Henri IV. Ordonnance du mois de Janvier 1600.)
*Nous n'avons rien tant defiré que
d'établir de bons & affurés Reglemens au fait des Chaffes, à*

cê que nous puiſſions, avec les Princes & notre Nobleſſe, parmi cette tranquillité, JOUIR DE CE PLAISIR, QUI NOUS DOIT ESTRE RE'SERVE'.

De-là, trois diſpoſitions prin-cipales qui ont été renouvellées par l'Ordonnance de 1669.

La premiere concerne les Fo-rêts, Buiſſons, Garennes & Plai-nes du Roi. Ni le Noble, ni le Gentil-Homme, ni le Seigneur de Fief ou de Paroiſſe, ni le Haut-Juſticier ne peuvent chaſ-ſer dans ces endroits qui ſont DE-FENSABLES à l'égard de toutes perſonnes, de quelque qualité & condition qu'elles puiſſent être.

Par la ſeconde diſpoſition, ſui-

LouisXIV. Ordonan. des Eaux & Forêts, Aouſt 1669.

Art. 13. & 20.

Art. 14. 15. & 17.

vant les lieux, suivant les distances, & suivant les tems, il y a des Chasses concédées par le Prince aux Seigneurs & Gentils-Hommes.

Art. 28. Enfin troisiéme disposition, c'est qu'en tout lieu & en tout tems, toute Chasse est défendue aux *non-Nobles & Roturiers, tant d'Eglises, que Marchands, Artisans, Laboureurs, Paysans & autres telle sorte de gens.*

Il y a donc des lieux certains, renfermés & circonscrits dans des limites certaines, où la Chasse est absolument consacrée aux Plaisirs de Sa Majesté.

On nomme ces lieux Plaisirs ou Capitaineries. Plai-

SIRS, parce que le Roi les defti-
ne à l'exercice & au *Plaifir* de fa
Chaffe perfonnelle. CAPITAI-
NERIES, parce que le Roi y établit des Capitaines qui doivent
veiller & faire veiller à ce que
perfonne ne puiffe préjudicier aux
PLAISIRS de Sa Majefté.

S'il n'y a rien de plus interef-
fant pour la Nation, que la confervation de l'Augufte Perfonne
du Roi, ne doit-on pas ajouter,
en même tems, *qu'il n'y a rien* LouisXIV.
de plus jufte que de garder la Declar. 12. Oct. 1699.
Chaffe pour fes PLAISIRS, foit
dans les Lieux qui environnent
les Maifons Royales, foit dans
les Forêts & Plaines, où Sa Ma-
jefté eft portée *d'affection & vo-* Henri IV.
lonté à prendre le Plaifir & re- 15. Mai 1597.

création de la Chasse ?

Coutume de Hesdin, tit. 4. art. 26. Autrefois, quand les Comtes d'Artois avoient chassé ou fait chasser dans leurs Forêts, les Seigneurs particuliers qui avoient des bois au tour de ces Forêts, ne pouvoient y chasser que trois jours après la Chasse des Comtes d'Artois, parce que le Gibier s'étant *épavisé*, il falloit qu'on eût le tems de le *rechasser*. Non seulement les Forêts des Comtes d'Artois étoient *défensables* de plein droit, mais même dans le tems de leurs Chasses, les bois adjacens à ces Forêts étoient interdits aux Seigneurs voisins *.

* Dans le Duché de Bourgogne, suivant le Droit commun établi par la Coutume, la Chasse dépendoit abso-

Tel

Tel eſt l'eſprit qui a inſpiré les Reglemens propres aux *Capitaineries*. On a jugé que le Gibier ne pouvoit être mieux conſervé

lument des Ducs de Bourgogne, ch. 13. art. 7. *Au regard du fait de la Gruyrie & de la Chaſſe, l'on s'en remet aux Ordonnances ſur ce faites & à faire par les Ducs de Bourgogne.*

Les Commentateurs des Ordonnances ont remarqué que celle d'Orléans, en parlant de la Chaſſe, avoit eu quatre objets principaux (les perſonnes, les Terres, la qualité des bêtes & le tems de la Chaſſe.)

S'agit-il des Terres ? Le lieu deſtiné à la Chaſſe de Sa Majeſté eſt un lieu *défenſable.*

S'agit-il *de la qualité des bêtes?* L'intention du Legiſlateur eſt que les *bêtes rouſſes & noires* ne puiſſent préjudicier à ſes Sujets. Il leur permet au contraire de *les chaſſer de leurs Terres & dangers, à cris & jets de pierres, lorſqu'ils les trouveront en dommage, ſans toutefois les offenſer.* Ces derniers mots de

B

qu'au moyen d'une parfaite tranquillité dans les Plaines & dans les Forêts qui composent l'étendue des *Plaisirs*, & que pour parvenir à cette tranquillité, la Chasse à cor & à cri accordée aux Seigneurs, Gentils-Hommes & Nobles sur leurs Terres, la permission de tirer de l'arquebuse sur toutes sortes d'oiseaux de pas-

de l'art. 137. de l'Ordonnance d'Orleans, SANS TOUTEFOIS LES OFFENSER, (*abigere debet sine damno*) énoncent bien clairement que les *bêtes rousses & noires* appartiennent tellement au Prince, qu'on ne peut les *offenser*, sans encourir sa disgrace & sans attenter à ses *Plaisirs*.

Vid. (dans l'Edition de Neron de 1710.) la remarque tirée de M. du Chalard, Avocat au Conseil, sur cet art. de l'Ord. d'Orleans, & la conference qu'il a faite de cet article avec la Loi 39. Dig. *ad legem Aquiliam.*

fage & de gibier, & la liberté de tirer en volant, ne devoient avoir lieu que dans la diftance ex-primée par les articles 14. 15. & 17. de l'Ordonnance de 1669.

De là font venues les trois dé-nominations de lieux *défenfables, Varennes & Plaifirs*, ce qui ne fignifie que la même chofe, ainfi qu'il eft aifé de le voir par la créa-tion de la *Varenne* du Louvre, fous le Regne d'Henri I V. en 1594.

Nos Prédéceffeurs Rois ayant agréé la demeure & particuliere habitation d'aucune des Villes & Châteaux de Notre Royaume, avoient établis & choifis ... des VARENNES * *pour y prendre leur*

* Ducange & les premiers Hiftoriens

PLAISIR de Chasse; & à cet effet commis des Officiers pour la gar-

de la Monarchie rapportent que dès le tems de Clovis il subsistoit des Va-rennes. *Rex ergo Clodovæus...rega-li more, decrevit scripto atque sigillo, eamdem quam nuperrimè incipiebant, Ecclesiam, cum omni Varennâ quam Matrona gyrat Fluvius.....irrefraga-biliter ab omni inquietatione perpetuò manere liberam atque securam.*

Le mot de *Varenne* est synonime avec le mot de Vivier. *Varenna seu Vi-varium.* Lorsqu'il s'agit des Particu-liers, on appelle ce Vivier une Ga-renne. Mais lorsqu'il s'agit des Souve-rains, on a retenu le mot de *Varenne à toutes bêtes & oiseaux.* Vid. Du-cange.

Les Romains, & les Grecs avant eux, connoissoient deux sortes de Chasses : L'une des Bêtes qui vaguent, l'autre des Bêtes encloses dans un *Parc, Vivier, Varenne* ou *Paradis* : Cette der-niere espece de Chasse étoit familiere aux Rois de Perse.

Vivaria ferarum primus togati generis invenit Fulvius Hirpinus, qui inTar-

de & conservation du Gibier, étant
esdites VARENNES... au moyen de
quoi avons advisé, afin que puissions commodément prendre & recevoir les PLAISIRS de la Chasse,
établir une VARENNE en l'une des
Plaines ès environs de notre bonne
Ville de Paris.... Créons, ordonnons, établissons en la Plaine étant
ès environs de notredite Ville de
Paris, que nous voulons s'étendre
à commencer ès Fauxbourgs Saint
Germain des Prez......... auquel circuit & Plaine, que nous
voulons être doresnavant la VA-
RENNE du LOUVRE, afin qu'il y

quinensi pascere instituit. (Plin. Lib. 8.
cap. 5.)

Simili Venationis genere delectabatur
Gratianus Imperator. (Dio. Chris.
Lib. 31.)

ait plus grande quantité de Gibier, & s'en puisse conserver à l'avenir, sans y être chassé ni épouvanté . . . . . Faisons DEFENSE *à toutes personnes . . . . . de chasser à l'avenir dans ladite* VARENNE *. . . . encore qu'ils ayent Terres & Héritages en icelle.*

Sur quoi il faut remarquer que les Capitaineries s'étant infiniment multipliées sous les Régnes précédens, Louis XIV. jugea à propos de les réduire à un nombre certain au mois d'Octobre 1699. Trois motifs déterminerent cette réduction.

1°. L'attention du Souverain au soulagement de ses Sujets.

2°. La vue générale de procurer à la Noblesse un des plus

honnêtes Plaisirs qu'elle puisse avoir.

3°. La vue particuliere de faire cesser les obstacles & les differens *prétextes qui privoient les Seigneurs de Fiefs ou Haut-Justiciers d'un droit qui leur est acquis par les Ordonnances* *.

* Ce n'est qu'en vertu des Ordonnances que les Seigneurs jouissent de la Chasse sur leurs Terres. *Le droit d'y pouvoir chasser ne leur est point acquis ni par le Fief, ni par la Haute-Justice : Il leur est acquis par les Ordonnances.*

Permettons à tous Seigneurs.... de chasser dans leurs Forêts, Buissons, Garennes & Plaines : Suivant cette premiere disposition, la Chasse est *permise à tous Seigneurs .....* Mais pour déterminer ensuite entre le Seigneur de Fief & le Haut-Justicier, comment ils doivent se regler l'un vis-à-vis l'autre, il a été nécessaire de faire connoître, jusqu'à quel point l'un & l'autre devoient participer à cette faculté, à

Ces differens motifs donne-
rent lieu à la Déclaration de
1699. (*Nous avons resolu d'ex-*
pliquer nos intentions par une seu-
le & même Déclaration, qui étant
connue de tous nos Sujets, puisse
servir de Loi générale à l'avenir,
& prévenir toutes les contesta-
tions qui pourroient naître sur ces
matieres).

En conséquence de cette Déclaration, le nombre des Capi-

cette *permission* & à ce *droit acquis*
par les Ordonnances. Ord. de 1669.
tit. 30. art. 26.

Lorsque les Tribunaux de la Justice se trouvent dans le cas de pronon-
cer sur le droit ou des Seigneurs de
Fief, ou des Hauts-Justiciers, leurs
décisions sont toujours fondées sur la
permission de chasser, telle qu'elle est
conçue, declarée & limitée dans l'Ordonnance de 1669.

peries

ries réfervées fut exprimé, & il
fut dit que les *Edits & Ordon-*
nances y feroient executés felon
leur forme & teneur.

Capitaineries réfervées par la
Déclaration du 12 Octobre 1699.

Varenne du Louvre.
Bois de Boulogne.
Vincennes.
Saint Germain en Laye.
Livry.
Fontainebleau.
Monceaux.
Compiegne.
Chambor.
Blois.
Halatte.
Corbeil.
Limours.

On a déja vû que la teneur

C

des Edits & Ordonnances , sur le fait des *Plaisirs*, se réduit à quelques objets bien simples. Le titre 30. de l'Ordonnance de 1669. en contient la substance , articles 8... 13. 14. 15. 16. 17... 20. 21... 23. & 24.

Art. 8. *Défendons à toutes personnes de prendre en nos Forêts, Garennes, Buissons & Plaisirs, aucuns aires d'oiseaux , de quelque espece que ce soit ; & en tout autre lieu , les œufs des Cailles, Perdrix & Faisans , à peine de* 100. *liv. pour la premiere fois , du double pour la seconde , & du fouet & bannissement à* 6 *lieües de la Forêt pendant cinq ans , pour la troisiéme.*

Art. 13. *Faisons très-expres-*

fés, inhibitions & défenfes à tous
Seigneurs , Gentils - Hommes ,
Hauts-Jufticiers & autres perfonnes de quelque qualité & condition qu'ils foient , de tirer ou
chaffer à bruit dans nos Forêts ,
Buiffons , Garennes & Plaifirs ,
s'ils n'en ont titre ou permiffion , à
peine contre les Seigneurs de def-
obeiffance & de 1500 liv. d'amende , & contre les Roturiers des
amendes & autres condamnations
indiêtes par l'Edit de 1601 , à
la réferve de la peine de mort,
ci-deffus abolie à cet égard.

Art. 14. Permettons néanmoins
à tous Seigneurs , Gentils-Hommes
& Nobles de chaffer noblement à
force de chiens & oifeaux dans
leurs Forêts, Buiffons, Garennes &

Plaines, pourvû qu'ils soient éloi-
gnés d'une lieüe de nos Plaisirs, même aux Chevreuils & bêtes noires,
dans la distance de trois lieües.

Art. 15. Leur permettons aussi
de tirer de l'arquebuse sur toute
sorte d'oiseaux de passage & de
Gibier, hors le Cerf & la Biche, à
une lieüe de nos Plaisirs, tant sur
leurs Terres, que sur nos Etangs,
Marais & Rivieres.

Art. 16. Interdisons la Chasse
aux chiens couchans, en tous
lieux, & l'usage de tirer en volant
à trois lieues près de nos Plaisirs,
à peine de deux cens livres d'a-
mende pour la premiere fois, du
double pour la seconde, & du tri-
ple pour la troisiéme, outre le bannissement à perpétuité hors l'étenduë de la Maîtrise.

Art. 17. *La liberté de tirer en volant à trois lieües de diftance de nos Plaifirs , ne fera que pour les Seigneurs , Gentils-Hommes , Nobles , ou Seigneurs de Paroiffe.*

Art. 20. *Défendons à toutesperfonnes de quelque qualité & condition qu'elles foient,de chaffer à l'arquebufe ou avec chiens, dans l'étendue des Capitaineries de nos Maifons Royales de Saint Germain en Laye , Fontainebleau , Chambor , Bois de Boulogne,Vincennes,Livry, Compiegne & Varenne du Louvre,même aux Seigneurs Hauts-Jufticiers & tous autres , quoique fondés en titres ou permiffions générales ou particulieres, Declarations , Edits & Arrêts que nous revoquons , à cet égard , fauf à*

nous d'accorder de nouvelles permiffions, ou renouveller les an-
ciennes, en faveur de qui bon nous
femblera.

Art. 21. *Nos Sujets qui ont*
Parcs, Jardins, Vergers & au-
tres Héritages clos de murs dans
l'étendue des Capitaineries de nos
Maifons Royales, ne pourront fai-
re en leurs murailles aucuns trous,
couliffes ni autre paffage qui
puiffe y donner l'entrée au Gi-
bier, à peine de 10 liv. d'amen-
de, & s'il y en avoit aucuns de
faits prefentement, leur enjoignons
de les boucher inceffamment, fur
la même peine.

Art. 23. *Défendons à tous nos*
Sujets, ayant des Ifles, Prés &
Bourgognes, fans clôture, dans

l'étendue des Capitaineries de Saint Germain en Laye, Fontainebleau, Vincennes, Livry, Compiegne, Chambor & Varenne du Louvre, de les faire faucher avant le jour de Saint Jean Baptiste, à peine de confiscation & d'amende arbitraire.

Art. 24. Faisons défenses à toutes personnes de faire à l'avenir aucuns Parcs & clôtures d'Héritages en maçonnerie dans l'étendue des Plaines de nos Maisons Royales, sans notre permission expresse.

Ces differens articles se rapportent à deux objets principaux.

1°. A la maniere de conserver les Plaisirs, rélativement aux Sai-

C iiij

fons, à la tranquillité des Forêts ;
aux aires d'oifeaux , aux œufs de
Cailles Perdrix & Faifans , à la
fauche des Ifles, Prés & Bourgognes , aux Parcs & clôtures
d'Héritages , & rélativement enfin à tout ce qui peut contri-
buer à l'entretien de la Chaffe
réfervée à Sa Majefté.

2°. A la maniere dont ces mêmes Plaifirs doivent être confervés vis-à-vis les Seigneurs, Gentils-Hommes & Nobles qui ont
leurs Terres ou dans l'enclave,
ou dans le voifinage des Capitaineries.

Le PLAISIR refervé au Sou-
VERAIN dans une étenduë limitée & connue, effaçant de droit
la faculté de chaffer, qui ne fub-

33

siste en la personne du sujet qu'à titre de concession ; il en résulte une conséquence certaine, c'est que (selon ce qui vient d'être remarqué) *la Chasse n'est permise aux Seigneurs , Gentils-Hommes & Nobles , que lorsqu'ils ont des Terres éloignées d'une lieüe des Plaisirs , & qu'ils n'ont même la liberté de chasser aux chevreuils & bêtes noires à cor & à cri , ou de tirer en volant, que dans la distance de trois lieües.*

Quant au Cerf & à la Biche, personne n'ignore que c'est une Chasse qui n'appartient qu'au Roi seul , dans toute l'étendue du Royaume *.

* Ordonnances des années 1600 & 1601. *Vid.* le tit. des Chasses , art. 15, Ordonnance des Eaux & Forêts.

JURISDICTION
DES CAPITAINERIES.

Pour faire executer les Reglemens qui concernent les Plaifirs,
& tenir la main aux differens
chefs des Ordonnances qui ont
prefcrit ce qui devoit être obfer-
vé dans les Capitaineries, il a été
néceffaire que dans chacune de ces
Capitaineries il y eût une Jurifdiction certaine & permanente,
où les délits de Chaffe fuffent
portés en premiere Inftance, &
où les rapports des Gardes fuffent
jugés.

Sous les Régnes de François I.
& d'Henri II. la connoiffance
des faits de Chaffe qui concer-
noient les Plaifirs, fut attribuée

1600.
1601.

tantôt aux Officiers des Eaux & Forêts, tantôt aux Prevôts des Marêchaux; aux premiers, parce que la Chaſſe étoit regardée comme une matiere dépendante des Forêts; aux ſeconds, parce que les délits de Chaſſe qui ſe commettoient dans l'étenduë des Plaiſirs, & qui attentoient en quelque ſorte à la perſonne mê- me du Roi, étoient conſiderés comme des contraventions ma- jeures, dont la vindicte étoit cé- lere & Prevôtable.

Néanmoins l'expérience ayant fait connoître que la maniere la plus ſûre de réprimer les délits de Chaſſe, étoit de confier cette partie de la Juſtice à des per- ſonnes qui en fuſſent ſpécialement

& divifément chargées, la Jurifdiction des Capitaineries des
Maifons Royales reçut une nou-
velle forme, foit à l'égard des
Officiers qui devoient connoître
des délits en premiere inftance,
foit à l'égard des Appellations.

Les Ordonnances de 1600.
1601. 1607. font remplies de difpofitions fur cette matiere ; dès-
lors les Capitaineries de Saint
Germain en Laye & de Fontainebleau joüiffoient d'une prérogative particuliere.

Cette prérogative confiftoit
en ce que les procès des autres
Capitaineries fe pourfuivant &
s'inftruifant concurremment par
les Officiers des Capitaineries &
ceux des Maîtrifes, cette même

poursuite & cette instruction se
faisoient à Saint Germain & à
Fontainebleau par les Capitaines & leurs Lieutenans, *à la*
poursuite & diligence du Procu-
reur du Roi de chacune desdites Ord. 1600.
Capitaineries, observant néan- art. 27.
moins d'y appeller les Lieutenans Ord. 1601.
des Eaux & Forêts & autres Ju- art. 27.
ges qui seroient à appeller, sui-
vant les Ordonnances.

La raison de cette prérogative
est exprimée dans ces Ordonnan-
nances ; *la résidence des Rois à*
Fontainebleau & à Saint Germain
en Laye, & les Chasses frequen-
tes qu'ils faisoient dans les Forêts
dépendantes de ces deux Maisons,
avoient fait faire une attention
particuliere sur le choix des Ga-

pitaines & des autres Officiers attachés à ces Capitaineries, qui par
leur caractere, autorité & connoiſſance au fait des Chaſſes, aſſu-
roient l'execution des Ordonnances.

Mais ce qui étoit ſpécialement
attribué dans l'origine aux Capitaineries de Saint Germain & de
Fontainebleau, devint par la ſuite
le droit commun des autres Capitaineries de Maiſons Royales,
tant pour le RESSORT DE L'AP-
PEL, que pour les Jugemens &
Inſtructions en PREMIERE INS-
TANCE, ſans concurrence ni pre-
vention : ainſi qu'il réſulte de la
Déclaration du 5 Mai 1656, & de
l'Ordonnance desEaux &Forêts,
titre des Chaſſes art. 32. & 33.

RESSORT DE L'APPEL.

Par la Declaration de 1656. il eft dit que les Capitaines & Officiers des Chaſſes, (*Varenne du Louvre , Bois de Boulogne , Saint Germain , Verſailles , Fontainebleau & même Chantilly*) tant en matiere civile que criminelle pour raiſon deſdites Chaſſes, procederont au Jugement de tous les procès incluſivement.....ſauf l'appel évoqué & reſervé à Sa Majeſté ou à ſon Conſeil , pour être jugé & terminé en dernier reſſort.

Henri IV. avoit autrefois réſervé l'appellation des Jugemens rendus par les Capitaines des Chaſſes dans l'étenduë des Plai-

Louis XIV.
1656.

firs, à Sa Personne. Enfuite le Parlement & le Grand Confeïl en eurent fucceffivement la connoiffance ; mais Louis XIV. défirant rendre l'execution des Ordonnances *plus exacte & moins fufceptible de follicitations*, a rétabli les chofes dans leur premier état.

Pour cet effet, il a voulu que s'agiffant dans tous les délits de Capitaineries Royales de venger un Plaifir réfervé à Sa Majefté, la connoiffance de ces délits fût réfervée au Confeil: Même difpofition dans le Reglement du Confeil de l'année 1738, où il eft dit que ce qui fe pratique *dans les appels des Ordonnances ou Jugemens des Sieurs Intendans & Commiffaires*

Louis XV. Regl. du Conf. parts 1. Tit. 8. art. 1. 2. & 4.

missaires départis ou autres Com-
missaires du Conseil, sera executé
à l'égard des appels des Jugemens rendus dans les Capitaineries Royales ; (les uns & les autres ne pouvant être relevés qu'au
Conseil).

Par-là se conçoit sans peine
combien il a été trouvé essentiel,
sous les deux derniers Régnes,
de rendre la Jurisdiction des Capitaineries Royales indépendante
de tout ce qui en pouvoit traver-
ser ou retarder les Jugemens.

PREMIERE INSTANCE.

Mais ce n'étoit pas assez que
l'appel des Plaisirs fût évoqué au
Conseil, il étoit également important de faire cesser toute voie

D

de prévention ou de concours,
qui auroit pû nuire au premier
degré de Jurisdiction. Il y a été
pourvu par la disposition précise
des articles 32. & 33. du titre
des Chasses , Ordonnance de
1669.

Louis XIV.
Eaux & Fo-
rêts tit. 30.
art. 32. Art. 32. *Exceptons* (de la concurrence & prévention des Officiers des Eaux & Forêts) *les*
Capitaines des Chasses de nos Mai-
sons Royales de Saint Germain en
Laye, Fontainebleau, Chambor,
Bois de Boulogne, Varenne du
Louvre & Livry que nous main-
tenons , & en tant. que besoin se-
roit, confirmons dans leurs titres
& possession d'instruire & juger à
la diligence de nos Procureurs en
ces Capitaineries, tous procès civils

& criminels pour faits de chasse ; en appellant avec eux les Lieutenans de Robe-longue & autres Juges & Avocats pour Conseil.

Art. 33. Exceptons aussi les Capitaines des Chasses de nos Maisons Royales de Vincennes & Compiegne, & ceux dont les Etats ont été envoyés par nous à la Cour des Aydes depuis la Revocation, auxquels nous attribuons pareille Jurisdiction qu'à ceux de Saint Germain en Laye, Fontainebleau, Chambor & Varenne du Louvre.

Ibid. art. 33.

La premiere notion qu'il faut prendre sur ces deux articles, est de sçavoir sur quoi tombe l'exception qui les caracterise l'un & l'autre.

D ij

En 1669. il y avoit deux fortes de Capitaineries:

Les premieres étoient des Capitaineries non Royales, qui ne
fubfiftoient qu'à la charge, par les
Officiers, de repréfenter des *titres d'éreEtion ou d'établiffement.*

Les autres au contraire exif-
toient, ou par le féjour aEtuel, ou
par la volonté du Prince, qui
tous les ans envoyoit à la Cour
des Aydes l'Etat des Officiers
y compris, *à l'effet de jouir des
Privileges des Commenfaux de Sa
Maifon.*

Dans les Capitaineries non
Royales, il y avoit concurrence
& prévention entre les Officiers
des Eaux & Forêts, & les Capitaines des Chaffes; c'eft la difpo-

fition de l'article 31. du titre
des Chaffes , Ordonnance de
1669 *.

* Les Capitaineries des Chaffes de
l'appanage de Monfieur le Duc d'Orleans, fubfiftent encore (aux termes
de la Declaration du 27. Juillet 1701.)
fur le pied de Capitaineries non Royales *, avec permiffion aux Capitaines, Of-*
ficiers & Gardes.... d'exercer leurs
fonctions, ainfi & en la maniere
qu'il eft permis par les Edits & Ordon-
nances, & fpécialement par l'Ordon-
nance du mois d'Août 1669. pour les
Capitaineries non Royales (le tout fous
deux conditions).

1°. *De ne pouvoir empêcher les Sei-*
gneurs Hauts - Jufticiers ou les Sei-
gneurs de Fief ayant Cenfues & Vaffaux,
de chaffer, eux, & leurs enfans, ou amis,
dans l'étendue de leurs Hautes-Jufices
ou Fiefs. . . . .

20. *De ne pouvoir pareillement em-*
pêcher les Particuliers d'arracher les
mauvaifes herbes, de faucher leurs foins
quand bon leur femblera ; ni les obliger
à mettre des épines dans leurs Hérita-

Mais fuivant les articles 32. &
33. du même titre, qui contiennent une exception formelle à la
difpofition de l'article précédent,
il eft fenfible que la Jurifdiction
d'une Capitainerie de Maifon
Royale, n'eft point une Jurifdiction fujette à la prévention & au
concours des Maîtrifes *. C'eft

ges, d'attacher des landons au col de
leurs chiens, ni leur impofer d'autres
fujetions que celles portées par l'Ordonnance du mois d'Août 1669, à l'é-
gard des Capitaineries non Royales.

* Lorfque la Jurifdiction des Capitaineries étoit fujette à la prévention &
au concours des Maîtrifes, les faits
de Chaffes occafionnoient des Conflits & des Reglemens de Juges; fouvent même toutes les Capitaineries
du Royaume étoient obligées de fe
joindre enfemble pour demander des
Reglemens généraux qui étoient longs
à obtenir, & qui faifoient évanouir

une Jurifdiction qui fubfifte par
elle-même, dans laquelle tout fe
fait à la diligence du Procureur
du Roi de la Capitainerie ; fur-
vient-il une inftruction qui exige

les délits dans les involutions d'une
procédure immenfe.

En 1620. Fontainebleau , Saint
Germain', Evreux, Halatte, Monceaux, Boulogne, Saint Cloud &
plufieurs autres Capitaineries qui fubfiftoient alors , fe réunirent pour obtenir un Reglement vis-à-vis les Maîtrifes des Eaux & Forêts.

Neron, tom. 2. p. 579.

Que réfultoit-il de ces Conflits ,
de ces Reglemens ? On étoit longtems
à fçavoir en quelle Jurifdiction l'on
procéderoit. L'inftruction ne fe faifoit
point, le délit & le délinquant s'é-
clipfoient.

Aujourd'hui, plus de Conflits, plus
d'incertitude, plus d'impunité. La Jurifdiction eft fixe , propre, indépendante ; d'un délit naît un Rapport, &
d'un Rapport naît un Jugement,

la préfence d'un Officier de Robe-longue ? cet Officier n'eſt appellé en ce cas , *que pour ſervir de
Conſeil.* Il y a plus : dans la plûpart des Capitaineries de Maiſons
Royales ſe trouvent créés des
Lieutenans de Robe-longue (ou
ce qui eſt la même choſe) des
Lieutenans Généraux de Juſtice,
ce qui a été fait dans la vûë d'adminiſtrer la Juſtice d'une maniere
abſoluë & indépendante de toute
Juriſdiction auxiliaire.

NATURE
DES CHARGES.

Un Officier de Capitainerie
de Maiſon Royale , peut-il prétendre que ſa charge eſt héréditaire , ou au contraire toutes les
charges

charges des Officiers qui veillent
aux Plaisirs de Sa Majesté, font-
elles de simples Commissions ré-
vocables?

Comme tout doit ici se rapporter à la fin pour laquelle ont
été instituées les Capitaineries
de Maisons Royales, il est évident que les Offices créés dans
ces mêmes Capitaineries, n'ayant
été établis que pour la conservation des Plaisirs de Sa Majesté, le pouvoir de conserver ou
de changer les Officiers de ses
Chasses, *selon qu'ils se comporte-*
roient dans leurs Charges, a toujours été une condition insépara-
ble de ces sortes d'Offices. Le Roi
ne les a jamais créés ni *Venaux*,
ni *Héréditaires*: Ce sont de sim-

E

ples Commiſſions revocables :
Dans aucun tems la Perſonne du
Roi n'a pû être ſoumiſe à l'immua-
bilité d'un Officier prépoſé pour
la conſervation de ſes Plaiſirs.

Afin d'obvier à cet inconvé-
nient, on a eu recours à une for-
mule ordinaire, qui ſe trouve dans
toutes les proviſions que le Roi
accorde aux Officiers qui lui ſont
nommés par les Capitaines des
Plaiſirs (*& ce tant qu'il nous
plaira.*)*

La Loi eſt générale, les ma-

---

* Cette clauſe eſt commune aux
Officiers ſubalternes & aux Capitaines;
les Proviſions qui furent accordées à
M. le Duc, le 4. Mars 1710. pour la
Capitainerie d'Halatte ont été inſe-
rées dans le Code des Chaſſes. On
y lit la clauſe (*& ce tant qu'il nous
plaira.*)

ximes font conftantes, & l'ufage conforme à cette Loi & à ces maximes nous apprend, que le Roi n'a jamais admis l'*Hérédité* dans les Offices de fes Capitaineries.

Que l'on confulte à ce fujet trois Monumens refpectables du fiécle paffé, qui font la Declaration du 24 Mai 1739. l'Edit du mois d'Avril 1676. & l'Ordonnance du 24 Janvier 1695. & l'on fera de plus en plus convaincu, que l'Hérédité a toujours été incompatible avec les Offices des Plaifirs.

C'eft dans la recherche de pareils Monumens que fe puifent des principes certains en cette matie-ré; & toutes les fois qu'on perd de vue l'objet principal qui a con-

E ij

tribué à la création & à la confervation des Capitaineries, pour
fe livrer à des faits particuliers
qui fortent de la regle , on eft
fujet à s'égarer.

Declar. de 1639. *Les Offices de nos Chaffes (ce*
font les propres termes de la De-
claration de 1639.) *font Offices*
non venaux , parce qu'étant éta-
blis pour la feule confervation de
notre Plaifir , nous defirons d'en
pouvoir changer les Officiers à no-
tre volonté , felon qu'ils fe com-
porteront dans leurs Charges.

Edit de 1676. La même intention fe manifefte dans l'Edit de 1676. don-
né pour l'Erection de la Capitainerie de Vincennes. Le tems
de cette Erection eft important à
remarquer : Alors toutes les par-

ties qui devoient conspirer à la formation d'une Capitainerie de Maison Royale, étoient certaines & assurées, soit par rapport à la Jurisdiction, soit par rapport aux Officiers qui devoient la compofer, soit par rapport à la maniere dont ces Officiers devoient être pourvûs, confervés ou destitués.

L'Edit unit & incorpore à perpétuité la charge de Capitaine des Chaffes de la Capitainerie de Vincennes à celle de Gouverneur du Château ; ce même Edit fait connoître la nature des Offices créés pour les Capitaineries.

Erigeons une Capitainerie qui fera compofée d'un Capitaine dont nous uniffons & incorporons la Charge à perpétuité, à celle de

Gouverneur ... d'un Lieutenant, d'un Procureur pour nous, Exempt, Greffier .... Jurisdiction en premiere Instance, Appel en notre Conseil .... mêmes pouvoirs, mêmes fonctions, droits, exemptions, privileges, & immunités dont joüissent les Commensaux de nôtre Maison, pour en jouir par eux, tout ainsi que les Capitaines & Officiers de nos Capitaineries de Boulogne, Varenne du Louvre & autres voisines en jouissent .... Et d'autant qu'au moyen de l'union par nous faite, la nomination des autres Officiers & Gardes appartient à notredit Cousin, de même que celle des autres Capitaineries appartient aux autres Capitaines, nous pourvoirons aus-

dits Offices de Lieutenant, Procureur de nous, Exempt, Greffier, Gardes ... fur la nomination de notredit Coufin le Duc de
Mazarin & fes Succeffeurs, Gou-
verneurs & Capitaines dudit Vincennes, aufquels, à cet effet, nous
en attribuons la nomination.

Cette Erection eft d'autant plus
décifive fur la Nature des Charges,qu'elle annonce clairement &
fans exception l'uniformité de
toutes les Capitaineries fur la véritable Nature des Offices dont
elles font compofées. Le Roi fe
réfervant de pourvoir aux Offices, réferve en même tems au
Capitaine le pouvoir d'y nommer ; & ce n'eft que fur la nomination attribuée au Capitaine
E iiij

& Gouverneur de Vincennes &
à ſes Succeſſeurs , *ainſi qu'elle eſt
attribuée aux Capitaines des autres Capitaineries* , que Sa Majeſté pourvoira aux Offices de
Lieutenant , *Procureur du Roi &
Greffier*.... D'où il ſuit que dans
toutes les Capitaineries Royales
indiſtinctement, on ne peut devenir Officier que par deux voyes
qui ſont uniformes & indiviſes :
voye de nomination, ce qui eſt
du fait dn Capitaine : voye de
proviſion, ce qui eſt du fait de
Sa Majeſté ; ſans néanmoins que
l'Officier ainſi nommé & pourvû,
puiſſe jamais ſe prévaloir de ſa nomination & de ſa proviſion, ou
pour ſe dire *héréditaire* , ou pour
ſe dire *irrévocable*.

57

Avant que cela eût été ainfi réglé pour Vincennes, (à titre
d'affimilation & d'uniformité établie dans toutes les Capitaineries
Royales) on voit que la même
chofe formoit une des difpofitions
de l'Edit de création de la Varenne du Louvre, 25 Mars 1594.

*Et d'autant qu'il eft très-requis
& néceffaire qu'il y aye des perfonnes fuffifantes & capables pour
avoir l'œil & faire obferver notre
Ordonnance & juger des matieres
& contraventions qui feront fur ce
faites; avons créé & érigé, créons
& érigeons en chef titre & qualité . . . . un Capitaine de ladite Varenne du Louvre,
un Lieutenant de Robe-longue, un
Procureur de nous & un Greffier,*

pour être par Nous, à préfent,
pourvû aufdits Offices de perfonnes
capables ; & ci-après, quand va-
cation y échera ; auquel Capitaine
avons donné & donnons pouvoir
de nous nommer & préfenter & à
nos Succeffeurs Rois, perfonnes
suffifantes & capables aufdits Of-
fices de Lieutenant, Procureur de
nous & Greffier, pour être à fa
nomination, pourvû à iceux....

Ainfi, dès que la nomination
du Capitaine, doit néceffaire-
ment précéder les provifions du
Roi, à chaque mutation d'Officier, on ne peut concilier enfemble le caractere d'hérédité &
le caractere d'une nomination pu-
rement volontaire ; l'hérédité &
la nomination étant deux chofes

abſolument incompatibles.

Il y a plus, non ſeulement le Capitaine de chaque Capitaine-rie eſt libre dans ſa nomination, il eſt encore le maître, ſans atten-dre le décès ou la démiſſion de l'Officier pourvû ſur ſa nomina-tion, de le deſtituer, lorſqu'il le ju-ge à propos : Sa Majeſté a bien voulu, à cet égard, communi-quer ſon pouvoir aux Capitaines de ſes Capitaineries, & confirmer par une Ordonnance de 1695. une premiere Ordonnance du 20 Novembre 1663.

LouisXIV. 1663. & 1695.

Sa Majeſté confirmant ſon Or-donnance de 1663. & y ajoutant, permet aux Capitaines des Chaſ-ſes de ſes Capitaineries Royales de

déposseder tous Lieutenans Sous-
Lieutenans & autres Officiers &
Gardes . . . . lorsqu'ils le jugeront à
propos, en les remboursant, ou faisant rembourser comptant, des som-
mes qu'ils justifieront avoir payées
. . . . & où il ne se trouveroit alors
de Sujets . . . . permet Sa Majesté
ausdits Capitaines de les interdire,
pour raison des contraventions
qu'ils pourroient avoir faites aux
Ordonnances, ou à leurs ordres,
& de commettre à leur place, pendant tel tems qu'ils jugeront à propos.

Ainsi le Roi veut non seulement qu'un Officier nommé &
pourvû, ne reste Officier qu'autant qu'il lui plaira, il va plus loin,
& comme les faits qui dépendent

de quelque détail, ne peuvent lui
être perfonnellement connus, il
communique fa puiffance aux Capitaines de fes Capitaineries, qui
peuvent en conféquence d'une
attribution expreffe & propre
aux Plaifirs de Sa Majefté, ou
interdire, ou dépoffeder les Officiers par eux nommés, lorfqu'ils
le jugeront à propos.

Quelle eft donc la nature d'un
Office de Capitainerie de Maifon Royale ? eft-ce un Office venal, un Office héréditaire ? nul-
lement. C'eft proprement une
Commiffion qui vaque par mort,
Commiffion qui peut fe révoquer
par Sa Majefté, Commiffion à laquelle le Roi pourvoit fur la nomination du Capitaine, toutes les

fois que la place eft vacante ;
& la place eft vacante, toutes
les fois que le pourvû, ou vient
à déceder, ou fe démet, ou eft
révoqué.

Pénétrons plus avant: Loin que
l'on puiffe regarder cette Jurifprudence propre à tous les Offices de la Maifon du Roi, comme une fingularité dans le Droit
François, on peut dire au contraire, que rien n'eft plus conforme au droit commun & au droit
primitif des Offices, que de n'ê-
tre point fujet ni à la venalité, ni
à l'hérédité.

Originairement il n'y avoit point
d'Offices venaux. Tous les Offices appartenoient à la Puiffance
publique: Le prix des Charges

ne faifoit pas une partie de la fortune des Sujets : Voilà qu'elle étoit la conftitution primitive.

Il a été dérogé à cette confti-tution primitive, d'abord pour les Offices domaniaux, enfuite pour les Offices de Judicature & de Finance ; (ce qui n'a été fait qu'à *regret & pour l'extrême néceffité des affaires du Royaume.*) Mais il n'y a jamais été dérogé pour les Offices de la Couronne, & ceux de la Maifon du Roi, qui n'étant ni venaux, ni héréditai-res ; font demeurés dans leur pre-mier état, dans leur premiere na-ture.

Jufqu'au feiziéme fiécle, on ne pouvoit fe faire recevoir, mê-me dans un Office de Judicatu-

re , qu'en faifant ferment » que
» l'on y étoit parvenu fans payer
» aucune chofe, fans avoir don-
» né ni fait donner, fans avoir
» promis ni fait promettre, ef-
» pérance de donner ou faire don-
» ner , directement ni indirecte-
» ment , or, argent, ou autre
» chofe équipollante.

Le premier qui fut difpenfé de
ce ferment, en fe faifant recevoir
Confeiller au Parlement de Paris le 7 Fevrier 1597 , fut Maître Sebaftien Chauvelin, fils de
Mᶜ. François Chauvelin , Avocat.

Jufqu'alors on avoit toûjours
efperé qu'avec le tems les chofes fe rétabliroient & fe re-
mettroient en leur ancienne pureté

reté & candeur." *.

Quoiqu'il en foit, différens Edits ont établi la venalité & l'hérédité dans les Offices de Judicature. Ils font devenus héréditaires par le Bénéfice du Droit annuel qui a fait cesser le Droit commun. Ils ont été créés en titre d'Offices formés & conféquemment ils ont été réputés faire partie de la fucceffion des Titulaires défunts, & mis au rang de leurs biens.

Mais pour ce qui eft des Offices de la Maison du Roi & autres Charges de la même nature, qui

* *Vid.* les Rech. de Pafquier, L. 4. chap. 15. Brodeau fur Louet, Lettre C. Somm. 23. N. 5. & 6.

F

ne font point créés héréditaires
par aucun Edit, ils fe régiffent
par la Loi primitive des Offices :
Et quels Offices dans l'Etat, font
plus dignes d'être confervés dans
leur pureté, * dans leur ancienne
candeur, que ceux qui concernent immédiatement les Plaifirs
& la Perfonne de Sa Majefté.

Il y a donc une premiere diftinction à faire dans les Offices :
les uns font venaux, les autres
non venaux : Venaux, font ceux
qui ont été vendus & alienés,
moyennant finance : Non - ve-

* Pafquier obferve, qu'au fiécle
d'or les Charges fe donnoient au poids
de la Vertu.

naux, font ceux qui n'ont point
de finance, & qui ne tombent
point dans les Parties Cafuelles
de S. M. comme la plûpart des
Offices Militaires ; & nommément les Offices des Commenfaux de la Maifon du Roi, qui ne
font proprement que de fimples
Commiffions , lefquelles ren-
trent en la puiffance du Roi, par
la mort ou la démiffion des Officiers.

Une feconde diftinction également importante, regarde les Offices venaux, que l'on fubdivife en
venaux cafuels, & venaux domaniaux : Venaux-cafuels, font ceux
dont les Officiers ne font pourvus
qu'à vie par le Roi, & qui tombent

aux Parties Cafuelles, lorfque le Titulaire décédé, n'a pas pris les voyes indiquées pour en conferver la propriété à fa fucceffion : Venaux - domaniaux, font ceux qui ont été démembrés du Domaine du Roi, qui s'alienent par des Contrats à faculté de rachat perpétuel, fans être fujets aux Parties Cafuelles, & qui peuvent être confiderés comme un Domaine folide & fixe , lequel (dit Loifeau) fe poffede par toutes fortes de perfonnes fans provifions.

Or le Bénéfice du Droit annuel ne s'applique, ni aux Offices non venaux , ni aux Offices venaux - domaniaux aliénés par Sa

Majefté, mais uniquement aux Offices venaux-cafuels.

De deux chofes l'une ; ou les Poffeffeurs de ces derniers Offices les avoient réfignés avant leur décès, ou ils décédoient fans les avoir réfignés. Au premier cas, il falloit furvivre quarante jours, pour donner lieu à la réfignation. Au fecond cas, la Charge tomboit aux Parties Cafuelles.

Pour obvier à ces deux inconvéniens, a été donné l'Edit de la Paulette en 1604. & il a été réglé que les Officiers qui feroient exactement & dans certains tems marqués, les payemens ordonnés par cet Edit, feroient difpenfés des quarante jours

de survie, & demeureroient pro-
priétaires de leurs Charges ; ce
qui ne regardoit (aux termes de
l'Edit,) que les Offices *qui étoient
sujets à la regle des quarante jours,
& au payement du quart denier :*
C'est-à-dire les Offices venaux
casuels, qui perdoient en quelque
sorte, la qualité de casuels, pour
devenir héréditaires, lorsque les
Titulaires avoient rempli les conditions de l'Edit du 12 Decembre 1604.

Or comme il étoit ordonné
par le même Edit qu'il seroit ar-
rêté des Etats au Conseil, qui
évalueroient les Offices, aussi-
tôt, sur la foi de cette derniere
disposition, tous les Possesseurs

d'Offices fans diftinction, fe don-
nerent des mouvemens pour faire
évaluer les Offices dont ils étoient
revêtus.

L'illufion étoit fi grande à cet
égard, que les Parties Cafuelles fe
trouvant accablées par les éva-
luations demandées par plufieurs
Officiers dont les Charges n'é-
toient ni héréditaires, ni venales,
Louis XIII. déclara au mois de
Mai 1616. qu'il n'entendoit que
les Charges de fa Maifon & autres de même nature, *entraffent*
aux Parties Cafuelles & fuffent
venales.

Ainfi, rien de commun entre
des Commiffions qui ne fe ré-
fignent point, qui ne fe tranfmet-

tent point, & des Charges Patrimoniales.

Il y a plus, l'Edit de 1616. qui étoit général pour toutes les Commiſſions & Offices non venaux, fut ſuivi de la Déclaration de 1639. par laquelle Louis XIII. s'expliqua en particulier ſur la nature des Offices des Chaſſes. » Les Offices de nos Chaſſes ſont » Offices non venaux, parce qu'é- » tant établis pour la ſeule conſer- » vation de notre Plaiſir, nous de- » ſirons d'en pouvoir changer les » Officiers à notre volonté, ſelon » qu'ils ſe comporteront dans » leurs Charges.

Donc il n'y a pas de fait particulier, ni d'évaluation, ni de réſignation

tion, ni de Paulette ; en un mot
aucun fait perſonnel , aucun fait
ſingulier, qui puiſſe ou porter at-
teinte à une Loi générale, ou ef-
facer le caractére d'un Office non
venal dans ſon principe, ou enfin lui imprimer, au préjudice du
droit commun des Capitaineries
Royales , le titre & la nature de
l'hérédité. *.

PRIVILEGES
DES OFFICIERS.

Le quatriéme Chef qui concerne la qualité des Officiers des

* Jugé le 10 Juin 1713. dans la Varenne du Louvre. Arrêt du Conſeil.
Jugé le 11 Janvier 1744. dans la Capitainerie de Saint Germain en Laye.
Autre Arrêt du Conſeil, qui ſera im-
primé à la ſuite de cet Ouvrage.

G

Capitaineries de Maisons Royales, vis-à-vis les autres Regnicoles, peut être traité en peu de mots.

Henri IV.
Decembre
1598.

Henri IV. parlant des Officiers de la Capitainerie de Saint Germain, disoit qu'*ils n'avoient pas été créés pour la garde de nos Forêts seulement, ains pour la garde du Château, Chasse & ce qui est notre Plaisir ; où ils sont tenus de rendre chacun jour assidu service, l'Etat desquels nous avons, pour cet effet, envoyé à notre Cour des Aydes (comme étant du Corps de notre Maison.)*

Lorsque les privileges de la Varenne du Louvre furent con-

LouisXIV.
Novemb.
1656.

firmés en 1656. *. les Officiers de cette Capitainerie (Capitaine, Lieutenant Général de Justice, Procureur du Roi, Lieutenant de Robe-courte, Greffier, deux Huissiers Audianciers, un Receveur des Amendes & 12. Gardes) *furent maintenus dans leurs droits, privileges, franchises, & exemptions .... ainsi que tous nos autres Officiers, Domestiques & Commensaux, comme faisant partie d'iceux.*

De ces differentes expressions qui ont été successivement employées pour chaque Capitainerie de Maison Royale en particulier, résulte incontestablement la Commensalité la plus réelle & la plus effective que l'on puisse desirer. Elle est fondée sur un *service assidu*, sur des *fonctions actuelles* qui attachent cha-

cun jour les Officiers des Capitaineries *à la perfonne de Sa Majefté*, *à fes Maifons Royales & à
fes Plaifirs.* Leur Capitation eft
employée dans le Rolle de la
Maifon du Roi. Leur Etat eft envoyé tous les ans à la Cour des
Aydes. En un mot, ils font Commenfaux, ils font du Corps de la
Maifon du Roi, ils font partie des
*Officiers fervans actuellement Sa
Majefté*, & les Gardes ne peuvent *faire leurs Charges* dans l'enceinte des Plaifirs *qu'étans cou-
verts & revêtus des cafaques des
livrées du Roi.*

Ordon. de
1669. tit.
30. art. 6.

Et en effet toutes les fois qu'il
a été fait une *énumeration* des
Commenfaux ou une *revocation*
des Privileges, les Officiers des

Capitaineries de Maifons Royales ont toujours été compris dans
l'*énumeration* & toujours excep-
tés de la *révocation.*

Quatre exemples récens dé-
montrent la vérité de cette pro-
pofition.

1°. Il y eut en l'année 1705. Louis XIV.
une *énumeration* confiderable de en 1705.
plufieurs exemptions.

N'entendons (dit l'article 5. de
l'Edit de révocation) *comprendre
dans la prefente révocation les
Officiers & Commenfaux de notre
Maifon & ceux de nos Maifons
Royales , lefquels jouïront des privileges.*

2°. En 1718. la Capitainerie Louis XV.
de Saint Germain en Laye reçut en 1718,
plufieurs changemens, foit par la
G iij

création de quelques nouveaux
Officiers, soit par la suppression
de plusieurs anciens Offices, dont
les emplois étoient inutiles; pourquoi cette suppression? parce que
Sa Majesté jugea *que le trop
grand nombre d'Officiers de cette
Capitainerie causoit une diminu-
tion considerable à la perception
des Droits de Huitiéme, & qu'en
retranchant ce nombre inutile, la
Ferme des Aydes se trouveroit
augmentée par le retranchement
de plusieurs Privileges.*

Louis XV. en 1721. 3°. En 1721. le Renardier de
la Varenne du Louvre étant dans
le cas, par la négligence de ses
Prédecesseurs, de trouver quelque
difficulté à la Cour des Aydes
sur l'enregistrement de ses Provi-

fions, intervint une Declaration au mois de Novembre 1721. par laquelle le Roi ordonne l'enregiftrement des Provifions du Titulaire, *pour jouir* (par lui & par fes fuccefseurs Titulaires de la même Charge) *des droits & privileges des Officiers Commenfaux de notre Maifon, ainfi que les autres nos Officiers de ladite Capitainerie.*

4°. Enfin l'année 1726. eft l'époque d'un dernier Reglement au fujet des Commenfaux. Dans ce Reglement, où il eft nommément parlé de *l'exemption de Gros*, font rappellés les Ordonnances, Edits & Déclarations des 20 Mars 1673. Juin 1680. 29. Octobre 1689. Août 1705. *lef-*

Louis XV. en 1726.

G iiij

quelles Ordonances (est-il dit)
Edits & Declarations, & autres
Reglemens donnés en faveur des
Officiers, Domestiques & Com-
mensaux de notre Maison & de
nos Maisons Royales, seront exe-
cutés selon leur forme & teneur.

A la vue de toutes ces autorités & singulierement du Reglement de 1726, non seulement il
est évident que les Officiers qui
servent les Plaisirs de Sa Majesté sont Commensaux réels & effectifs, jouissans, par conséquent,
de tous les Privileges rapportés
au Code des Commensaux ; il est
encore démontré qu'ils font partie des Officiers *Commensaux ser-*
vans actuellement, dont il est parlé dans l'Ordonnance du mois de

Juin 1680. (tit. 9. art. 5.) *à l'ef-*
fet d'être maintenus dans le pri-
vilege de vendre en gros le vin de
leur crû, fans payer aucun autre
Droit que celui d'augmentation.

Après des preuves fi folide-
ment établies, dira-t-on encore ;
» 1°. Qu'il faut faire diftinction
» de deux fortes d'Officiers Com-
» menfaux de la Maifon du Roi ;
» Commenfaux ayant bouche à
» cour & fervans près la Perfon-
» ne du Roi : Commenfaux *ad*
» *inftar* des premiers ; mais fans
» réfidence : 2°. Qu'aux Com-
» menfaux de la 'premiere Claf-
» fe , font accordées toutes les
» Exemptions & Privileges de

» l'entiere Commenſalité , maïs
» qu'aux Commenſaux *ad inſtar* ,
» appartiennent ſimplement des
» Exemptions relatives à leurs
» fonctions.

Cette diſtinction (qui a été
employée , ſans ſuccès , dans des
demandes en caſſation d'Arrêts
de Cours Souveraines , rendus
en faveur des Privileges des Capitaineries Royales) n'eſt établie
ſur aucune Loy ; il y a plus ;
Elle ſe trouve directement contraire à l'eſprit & à la lettre de
pluſieurs Edits & Reglemens.

Pourquoi les Officiers des Plaiſirs ſont-ils Commenſaux ? Nous
venons de le voir : Parce que
chacun jour , ils doivent un *ſer-*

vice affidu pour garder *les Fo-*
rèts, pour garder *les Chaffes du*
Roi, *& ce qui eft fon Plaifir*: *A*
cet effet, (ajoutoit Henri IV.)
Nous avons envoyé leur Etat à
la Cour des Aydes, *comme étant*
du Corps de Notre Maifon, *afin*
qu'ils ayent tant plus moyen de
rendre la fujettion qu'ils doivent
en leurs Charges, *& que par leurs*
foins & diligence, *Nous puiffions*
prendre le Plaifir de la Chaffe.

De tout cela s'eft formé une
Jurifprudence fixe dans la Cour
des Aydes de Paris , qui fur le
Vû des Edits conftitutifs ou con-
firmatifs des Privileges des Capitaineries Royales ; fur le Vû
des Etats contenans le Dénom-

brement des Officiers Commenfaux fervans actuellement ; Sur le
Vû de l'Ordonnance de 1680.
de la Déclaration du 29 Octobre 1689. & de l'Arrêt du Confeil du 30 Juillet 1726. décide
uniformément * que les Officiers
des Capitaineries Royales font
des Commenfaux effectifs, *Commenfaux fervans actuellement*,
qui réuniffent en eux tous les Privileges de la plus parfaite Commenfalité.

RECAPITULATION.

Les quatre Chefs qui viennent
d'être examinés fe rapportent à

* *Vid.* les Piéces Juftificatives, des
années 1685. & 1741.

une même fin.

Quand il s'agit de l'Augufte Perfonne de Sa Majefté, quand il s'agit de fes Plaifirs, fur lefquels les Ordonnances du Royaume contiennent des difpofitions fi précifes, fi litterales, fi uniformes, tout doit concourir à exécuter cette précieufe portion du Droit François; Une voye fure pour parvenir à cette execution & pour la confirmer dans tous fes points, eft de regarder que tout ce qui approche ou concerne les *Plaifirs* de Sa Majefté, doit fe décider par la nature des *Plaifirs* mêmes.

De-là, point de Concours de Chaffes ni dans les Forêts ni

dans les Plaines des Capitaineries de Maiſons Royales, parce
que ce ſont des lieux reſervés
pour les PLAISIRS de Sa Majeſté.

De-là, point de Concours de
Juges, quand il eſt queſtion d'un
fait ou d'un délit commis dans
l'enceinte des Capitaineries de
Maiſons Royales, parce que les
PLAISIRS ont une Juriſdiction
propre & particuliere. *.

* A Blois & à Monceaux, deux
exemples remarquables à ce ſujet, l'un
en 1686. & l'autre en 1743.
1°. Les Officiers du Preſidial de
Blois décernerent un decret de priſe de
Corps contre un Lieutenant & trois
Gardes de la Capitainerie Royale du
Comté de Blois, pour raiſon d'un dif-
férend qu'ils avoient eu avec un Vi-

De-là, point d'hérédité dans les Charges des Capitaineries de

gneron pour un chien. Arrêt du Conseil (13. Sept. 1686.) qui *défend au Présidial de Blois de connoître de tous faits de Chasses, circonstances & dépendances. Le decret cassé; défenses aux Officiers du Présidial d'en donner de semblables, & de connoître à l'avenir des procès criminels qui pourroient être intentés contre les Officiers & Gardes de la Capitainerie, pour fait commis dans leurs fonctions, circonstances & dépendances.*

2°. Les Officiers du Présidial de Meaux ayant reçu Plainte de la part d'un délinquant contre lequel il y avoit un rapport au Greffe de la Capitainerie de Monceaux; & le Procureur du Roi de la Capitainerie ayant revendiqué cette procédure, Décidé par M. le Chancelier (le 30. *Nov.* 1743.) *que le Bailliage de Meaux devoit délaisser la connoissance de l'affaire aux Officiers de la Capitainerie de Monceaux.*

Maifons Royales, parce que c'eft le PLAISIR & la volonté de Sa Majefté qui en regle les Provifions & la durée.

De-là, enfin point de Commenfalité plus réelle, que celle des Officiers des Capitaineries de Maifons Royales, parce qu'ils fervent *actuellement, affidument & chacun jour de l'année*, les PLAISIRS de Sa Majefté.

Autre fait arrivé dans la Capitainerie de Corbeil. Le Juge de Torcy, la Table de Marbre, & autres Jurifdictions, ayant rendu des Sentences & Jugemens pour faits de Chaffe, circonftances & dependances, Arrêt du Confeil (11 Janvier 1671.) qui caffe & annulle les Procédures, Sentences & Jugemens, COMME ATTENTAT SUR LA CAPITAINERIE ROYALE.

Telle

Telle eſt la vüe, telle eſt la fin que ſe ſont propoſée les Reglemens intervenus ſur les Plaiſirs, dans le cours de la troiſiéme Race, & nommément ſous les derniers Régnes.

Ces Reglemens ſe ſont attachés à déterminer avec préciſion, 1°. l'étendue des PLAISIRS: 2°. la maniere certaine d'y adminiſtrer la Juſtice: 3°. l'état des Officiers créés ſoit pour la garde de ces mêmes PLAISIRS, ſoit pour la pourſuite & vindicte des délits qui s'y commettent: 4°. Les Prérogatives & les Privileges des Officiers établis dans les Capitaineries de Maiſons Royales.

Quoi de plus reſpectable que

H

ces Reglemens, puifque l'on y trouve tout à la fois & le doigt du Souverain qui s'y manifefte avec legitimité, & le Vœu commun des Sujets folemnellement affemblés pour concourir aux Loix publiques. C'eft à Orleans, c'eft à Moulins que les Etats du Royaume ont jetté les fondemens *des Loix claires & précifes* que l'on s'eft attaché en 1669, *à rédiger en un feul corps d'Ordonnances*, à l'effet d'obvier à toutes les conteftations qui auroient pû naître, ou fur l'étendue, ou fur la Jurifdiction des Plaifirs.

Et quant à la Nature des Charges, & aux Privileges des Officiers, il a été fait de femblables

Réglemens, foit en 1594. 1616.
1639. foit en 1680. 1705. 1726...
toujours par relation à la fin principale des Capitaineries Royales; c'eft - à - dire, par relation
aux Plaifirs de Sa Majefté.

Voilà de ces objets qui ne
doivent point être confiderés fé-
parément. Ils s'interprétent les
uns par les autres, & comme ils
fe réuniffent dans un même centre
(c'eft-à-dire dans la *Perfonne* &
dans les PLAISIRS de SA MA-
JESTÉ) il eft néceffaire de les
envifager de la même manierè,
& de rapporter toutes les quef-
tions qui peuvent furvenir à l'occafion des Capitaineries de Maifons Royales, à ce centre com-

mun, d'où fortent les differens Principes recueillis dans cet ouvrage.

Définiffons donc les PLAISIRS par les véritables Définitions de la Chaffe , & pour cet effet, diftinguons la Chaffe *propre* , d'avec la Chaffe *permife*.

La Chaffe n'eft *propre* qu'en la Perfonne du Souverain, en qui réfide immédiatement le droit abfolu de la Chaffe : A lui feul appartient ou de la permettre, ou de l'interdire, ou de fe la réferver.

La Chaffe eft *permife* à tous Seigneurs, Gentils-Hommes & Nobles, fur leurs Terres, à la charge par eux de fe conformer aux Ordonnances & à la Volonté du Souverain : Mais toute Permission cesse, lorsqu'il s'agit d'un *Lieu Reservé*, soit à titre de PARC OU VARENNE, soit à titre de *Forêts & Plaines* renfermées dans une CAPITAINERIE ROYALE.

Ajoutons (suivant les propres termes de la Declaration de 1699, qui a supprimé 92 Capitaineries) *Que les établissemens des PLAISIRS ont un fondement très-legitime ; Que dans les Lieux où les Rois font leur séjour, & dans les Bois, Varennes & Plaines, où ils ont affection & volonté de se récréer, il est juste d'y garder la Chasse pour leur PLAISIR ;*

contentement & divertiſſement.

Il y a donc deux Caracteres
diſtinctifs, qui differentient les 13
Capitaineries reſervées en 1699.
Les unes ſont Capitaineries &
Plaiſirs, par l'effet du ſéjour actuel (*Domicilium Facti.*) Les autres participent à la même qualité & aux mêmes Prérogatives, ſoit parce qu'elles ſont in-
herentes à des Maiſons Royales
ſubſiſtantes (*Domicilium Animi
& Dignitatis*), ſoit parce que la
proximité des Bois & Plaines qui
en dépendent, ont determiné les
Rois, *à s'y réſerver pour eux ſeuls*
le PLAISIR *de la Chaſſe.*

BOCQUET DE CHANTERENNE.

PIECES

JUSTIFICATIVES,

DIVISÉES PAR L'ORDRE
.des Matieres.

ON fuivra dans l'ordre des Pieces, le Plan du Mémoire qui précéde ; ce qui formera quatre Divifions ;

1°. Pieces qui ont rapport à l'Origine des Capitaineries, & à leur Etat actuel.

2°. Pieces qui concernent la Jurifdiction des Capitaineries.

3°. Pieces qui établiſſent la Nature des Charges.

4°. Pieces qui prouvent la Commenſalité & les Privileges.

Iʳᵉ. DIVISION.

Iʳᵉ. DIVISION.

Pieces qui concernent l'Origine des Capitaineries.

OUTRE les Edits, Ordonnnan-ces, Declarations, Reglemens, & Arrêts du Conseil qui sont rappor-tés au Code des Chasses, il y a en-core quelques autorités particulieres qui meritent d'être recueillies, ou dont il est à propos de faire l'Analy-se; parce qu'elles font connoître l'é-tat actuel des Capitaineries subsistan-tes.

Dans le Code des Chasses ont été transcrits les Edits & Ordonnances qui fixent la nature, la qualité, l'é-tendue & les limites des Plaisirs. Chaque Capitainerie est traitée se-parément, au sujet des limites, &

I

des Créations dont on a pû recouvrer les Titres.

Dans le même Code, on trouve la Declaration de 1699. qui a supprimé 92 Capitaineries ; & celle du 27 Juillet 1701. qui en reglant les Capitaineries du Duché d'Orleans, établit la diftinction qu'il faut mettre entre les Capitaineries Royales & les Capitaineries *non Royales.*

Aux Capitaineries Royales s'appliquent les articles 6, 7, 8, 11, 13, 14, 15, 16, 17, 20, 21, 22, 23, 24, 32, 36, 39, & 40. de l'Ordonnances de Eaux & Forêts, Titre trente.

Aux Capitaineries *non Royales,* s'appliquent les articles 29, 30, & 31. du même Titre, dans la même Ordonnance,

Ce qui eft dit dans la Declaration du 27 Juillet 1701. fur les fonctions des Capitaineries & Droits des Hauts-Jufticiers, merite une attention fingu-

fiere, en ce que la nüance qui diffe-
rencie les Capitaineries Royales & les
Capitaineries *non Royales*, y eſt exactement tracée.

Pourront les Capitaines (art. 3.) *veiller à la Conſervation des Chaſſes &
punition des Coupables, ainſi qu'il eſt
permis par les Ordonnances, ſans qu'ils
puiſſent empêcher les Seigneurs Hauts-
Juſticiers ou les Seigneurs de l'ïefs
ayant Cenſives & Vaſſaux, de Chaſſer,
eux, & leurs enfans ou amis, dans l'étendue de leurs Hautes-Juſtices ou Fiefs, &
les Seigneurs Eccleſiaſtiques de la qualité
ſuſdite, de commettre une perſonne telle
qu'ils aviſeront, pour chaſſer, à condition que celui qui ſera par eux commis,
ſera tenu de faire regiſtrer ſa commiſſion...... Ni pareillement empêcher les Particuliers, d'arracher les
mauvaiſes herbes, de faucher leus
foins, quand bon leur ſemblera, ni les
obliger à mettre des épines dans leurs*

*Héritages, d'attacher des Landons au
col des Chiens, ni leur imposer d'autres sujetions que celles portées par
l'Ordonnance du mois d'Août 1669, à
l'égard des Capitaineries non Royales.*

Entre les Pieces non tranfcrites
dans le Code des Chaffes fur l'Origine des Capitaineries, il y en a une
que l'on a déja extraite dans le Memoire, & qui merite d'être rappor-
tée en entier: C'eft celle qui concerne la Création de la Varenne du
Louvre.

EDIT DU ROY,

Portant Création de la Varenne du Louvre, & son étenduë du côté de l'Université, vers Meudon, & autres Paroisses du même côté, revenant jusqu'à la Porte Saint Victor.

Du 25 Mars 1594.

HENRY, par la grace de Dieu, Roi de France & de Navarre : A tous presens & à venir, SALUT. Nos Predecesseurs Rois, ayant agréé la demeure & particuliere habitation d'aucunes des Villes & Châteaux de cettuy notre Royaume, auroient établi ès environs de la plûpart d'iceux des Varennes, pour y prendre leur Plaisir de Chasse, & à cette fin commis & ordonné des Officiers pour la garde & conservation du Gibier étant esdites Varennes : au moyen

I iij

de quoi, faisant la plûpart résidence
en notre bonne Ville de Paris, Ca-
pitale de notre Royaume, avons advisé, afin que puissions ci-après commodément prendre & recevoir lesdits Plaisirs de la Chasse, soit de la
Vennerie ou Fauconnerie, sans Nous
éloigner d'icelle, établir une Varenne en l'une des Plaines ès environs
de ladite Ville ; Pour ce, ayant mis
cette affaire en déliberation en notre
Conseil ; sçavoir faisons, que de
l'advis d'icelui, & de notre propre
mouvement, pleine puissance & autorité Royale, nous avons par cettuy
notre present Edict, perpetuel & irrévocable, créé, ordonné & establi,
créons, ordonnons & establissons en
la Plaine estant ès environs de notredite Ville de Paris, du côté de
l'Université, que Nous voulons s'é-
tendre, à commencer ès Fauxbourgs
Saint Germain des Prez, le long de

la Riviere de Seine, jufqu'au Chaſ-
teau de Meudon, & remonter par
les Villages de Vaugirard, Vanvres,
Yſſy, Fleury, Clamart, aller par
Montroy & Chatillon, Bagneux, Fon-
tenay ſous Bagneux, Chaſtenay, Ver-
riere, Pleſſis - Piquet, Anthony,
Arcueil, Gentilly, Ville-Neuve, Vi-
try, & Yvri ſur Seine, revenant ſur
la Riviere de Seine, à la Porte Saint
Victor ; auquel Circuit & Plaine que
voulons eſtre doreſnavant la Varenne du Louvre, afin qu'il y ait plus
grande quantité de Gibier, & s'en
puiſſe conſerver à l'avenir, ſans y
être chaſſé ni épouvanté ; Nous avons
fait & faiſons très - expreſſes inhibitions & défenſes à toutes perſonnes,
de quelque état, qualité & condition
qu'ils ſoient, de chaſſer doreſnavant
à l'advenir dans ladite Varenne cy-
deſſus declarée, ſoit aux Bêtes fau-
ves, rouſſes & noires, Lievres, Co-

nils, Perdreaux, & autres Gibiers
quelconques, avec Chiens, Oiſeaux,
Furets, Collets, Tonnelles, Arque-
buſes, Arbaleſtres; ou autres En-
gins, en quelque ſorte & maniere
que ce ſoit, encore qu'ils ayent Terres, & Héritages & Bois dans ladite
Varenne, à peine d'amende pecuniai-
re pour la premiere ſois, & à tenir
priſon juſqu'à plein payement; la deu-
xiéme, par confiſcation d'armes & en-
gins qui ſeront trouvés auſdits Chaſ-
ſeurs, & d'amende arbitraire; & la
troiſiéme fois, de punition corporelle,
ſuivant & conformément aux Ordonnances faites par noſdits Prédeceſſeurs
Rois, & Nous, ſur le fait deſdites
Chaſſes; & à tous Capitaines de nos
Gens de Guerre, ſoit de cheval ou de
pied, Lieutenans, Enſeignes, & autres membres deſdites Compagnies,
de loger ès Villages ſuſdits, ne autres, eſtant au dedans ladite Varen-

ne; & aux Maréchaux des Logis
& Fouriers, d'y bailler département
des Logis, ne aucuns étiquets; enjoignons oster & rayer de leurs Rolles
lesdits lieux, à peine d'encourir notre indignation, & d'estre punis &
chastiez comme infracteurs de nos
Commandemens. Permettons à cette
fin aux Habitans desdits Villages, &
autres nos Sujets, en cas d'aucuns
mépris & contraventions de cette notre volonté, de courir sus à son de
tocsin; ayant pris & mis, comme
par ces Presentes, nous prenons &
mettons lesdits Habitans de chacun
desdits Villages & Lieux cy-dessus
declarés, en notre protection & sau-
ve garde speciale; & afin qu'aucuns
ne puissent prétendre cause d'ignoran-
ce de ce que dessus, voulons lesdi-
tes défenses être mises en des Po-
teaux, qui pour cet effet seront dres-
sés, tant esdits Fauxbourgs de Saint

Germain des Prez, Saint Victor, esdits Villages, qu'autres lieux & endroits de ladite Varenne que besoin sera : Et d'autant qu'il est très-requis & nécessaire qu'il y ait des personnes suffisantes & capables pour avoir l'œil & faire observer cette notre Ordonnance, & juger des matieres & contraventions qui seront sur ce faites, avons créé & érigé, créons & érigeons en chef, titre & qualité d'Officiers formés, un Capitaine de ladite Varenne du Louvre, un Lieutenant de Robe-longue, un Procureur de Nous, & un Greffier, pour être par Nous à present pourvû ausdits Offices de personnes capables, & cy-après quand vacation y échera ; auquel Capitaine avons donné & donnons pouvoir de nous nommer & presenter, & à nos Successeurs Roys, personnes suffisantes & capables ausdits Offices de Lieutenant, Procureur de Nous , & Greffier, pour être à ſa nomination pourvû d'iceux : Enſemble lui donnons pouvoir & puiſſance de commettre des Gardes de ladite Varenne juſqu'au nombre de douze , pour avoir le ſoin dudit Gibier & autres choſes ſuſdites , ès lieux que beſoin ſera , les ſuſpendre & priver de leurs Charges & Offices en cas de malverſation , comme il verra eſtre requis & néceſſaire pour le bien de notre ſervice, leſquels Capitaine , Lieutenant , Procureur , Greffier & Gardes ſuſdits , afin qu'ils ayent moyen & occaſion de ſe dignement acquitter de leurs Charges & Offices , nous avons annexé & annexons avec le corps de notre Vennerie & Fauconnerie : Voulons & Nous plaiſt , qu'ils jouiſſent de tels & ſemblables honneurs , autorités , prérogatives , prééminences , privileges , franchiſes , exemptions, im-

munités & libertés, dont jouïssent &
ont accoûtumé de joüir & uſer nos
Officiers de ladite Vennerie, Fauconnerie, Capitaines & Officiers des
Chaſſes de notredit Royaume ; à chacun deſquels Officiers, Procureur
Greffier, & Gardes, avons octroyé
& accordé, octroyons & accordons,
la ſomme de vingt écus de gages ;
& outre à ce que deſſus, puiſſe être
executé, Avons attribué & attribuons
auſdits Capitaine, Lieutenant, Procureur de Nous, & Greffier, la Juriſdiction & connoiſſance en premiere
inſtance, de toutes & chacunes les
cauſes & matieres, tant civiles que
criminelles, qui s'y pourront cy-après
mouvoir & intenter dans l'étenduë de
ladite Varenne, à cauſe deſdites contraventions en Chaſſe, pour les juger & terminer privativement à tous
nos autres Juges & Officiers, nonobſtant oppoſitions ou appellations quel-

conques, & fans préjudice d'icelles;
lefquelles appellations reffortiront
nuëment pardevant nos amés & féaux
les Gens tenant notre Cour de Parlement à Paris; & défendons à tous
nos Juges quelconques, d'en prendre
aucune Cour Jurifdiction ne connoiffance; comme auffi nous avons interdit & défendu, interdifons & défendons aux Grands Maiftres Enquefteurs & généraux Réformateurs de
nos Eaux & Forefts, leurs Lieutenans, Maiftres Particuliers d'icelles,
& autres Officiers de nofdites Eaux
& Forefts, Prevofts de Paris, ou leurs
Lieutenans, & à tous nos autres Jufticiers & Officiers qu'il appartiendra,
de prendre connoiffance defdites matieres; & aux Parties d'en faire pour-
fuite d'icelles, ailleurs que devant
lefdits Capitaine de ladite Varenne,
ou fon Lieutenant, fur peine de nul-
lité, & caffation defdites Procédures,

d'amende arbitraire, & de prifon. Si
DONNONS EN MANDEMENT à
nos amés & féaux les Gens de notredite Cour du Parlement, de nos
Comptes, Cour des Aydes, Grands
Maiftres Enquefteurs & Generaux
Réformateurs defdites Eaux & Forefts, au Siege de la Table de Marbre de noftredit Palais, Tréforiers
generaux de France, & autres nos
Jufticiers & Officiers qu'il appartiendra, que les Prefentes ils verifient
& faffent publier & enregiftrer en
chacune de leurs Cours & Jurifdictions, & par tout où befoin fera,
& le contenu d'icelles garder & obferver inviolablement, fans fouffrir y
eftre contrevenu en aucune maniere.
CAR tel eft notre Plaifir, & afin que
ce foit chofe ferme & ftable à toujours, nous avons fait mettre notre
fcel à cefdites Prefentes. DONNE' à
Paris le 25 Mars, l'an de grace 1594.

Et de notre Regne le quatriéme. Signé,
HENRY, & fur le repli, POTTIER.
Scellé du grand Sceau en cire verte,
en lacs de foye rouge: Et à côté, *Vifa.*

IIe. DIVISION.

Pieces qui concernent la Jurif-
diction,

DANs l'Ordonnance des Eaux &
Forêts, au Titre des Chaffes,
on voit ce qu'il y a de plus effentiel,
fur la maniere dont doivent être inf-
truits & jugés les Procès Civils &
Criminels qui fe prefentent dans les
Capitaineries Royales. Cette même
Ordonnance renvoye, (quant aux
peines pecuniaires afflictives qui doivent être fupportées par chaque délit)
aux amendes & autres condamnations
*indictes par l'Edit de 1601 ; Donc

pour être au fait de cette partie de la
Jurifdiction, il faut concilier l'Edit
de 1601. avec l'Ordonnance de 1669.
Le Pœnal non exprimé dans l'Ordonnance, fe trouve dans l'Edit

Sur les Conflits, Attentats, Con-
currences, & Préventions, on peut
confulter,

En premier lieu, ce qui eft dit dans
l'Ordonnance des Eaux & Forêts, art.
32 & 33, du Titre des Chaffés.

En fecond lieu, l'Arrêt du Confeil
pour la Capitainerie de Corbeil, du
12 Janvier 1672. (Code des Chaffes.)

En troifiéme lieu, un autre Arrêt
du Confeil pour la Capitainerie de
Blois, du 13 Septembre 1686. (au
Code des Chaffes.)

En quatriéme lieu, la Décifion de
M. le Chancelier du 30 Novembre
1743, fuivant laquelle, le *Lieutenant*

Criminel

*Criminel de Meaux eſt tenu de délaiſſer
aux Officiers de la Capitainerie de Monceaux la connoiſſance d'une Rixe inci-
dente à un fait de Chaſſe.*

Sur le Reſſort des Appellations des
Jugemens rendus par les Capitaines
des Chaſſes, on peut conſulter,

En premier lieu, l'Ordonnance des
Eaux & Forèts au Titre 14. qui régle le temps pour relever & faire juger les appels.

En ſecond lieu, la Declaration du
9 Mai 1656. qui régle le Tribunal
d'appel (au Code des Chaſſes.)

En troiſiéme lieu, le Reglement du
Conſeil du 28 Juin 1738. (Partie
premiere, Titre 8. articles 1. 2. &
4.) ſuivant lequel *les Appels des Jugemens rendus dans les Capitaineries
ne peuvent être relevées qu'au Conſeil, &
ce par Lettres, ou par Arrêt de ſoit Com-
muniqué, à la charge néanmoins que*

K

les jugemens feront executés nonobftant l'appel.

IIIᶜ. DIVISION.

Pieces qui concernent la Nature des Charges.

IL a été démontré (au Memoire) que les Officiers des Plaifirs n'é-toient ni Venaux ni Héréditaires : Que la Paulette y étoit totalement étrangere : Que la Nomination des Officiers appartenoit aux Capitaines de chaque Capitainerie ; & que les Officiers étoient non-feulement amo-vibles à la volonté du Roi, mais mê-me deftituables & fufpenfibles à la volonté des Capitaines.

Dans la Piece fuivante, il s'agit de l'Hérédité ou non-hérédité des Offices.

0# 115

DECLARATION
DU ROY,

Donnée en faveur des Officiers &
Gardes des Plaisirs de Sa Ma-
jesté en la Capitainerie de Cor-
beil & Forest de Senart, du 24
May 1639.

LOUIS, par la grace de Dieu,
Roy de France & de Navarre.
A tous ceux qui ces presentes Lettres
verront, Salut. Combien que dans
nostre Edit du mois de Mars 1637.
portant attribution d'heredité aux Officiers de nos Eaux & Forests moyennant finance, avec quelque augmentation de gages, & confirmation du
droit de chauffage, Nous n'ayons point
entendu comprendre les Officiers de
nos Chasses de la Capitainerie de Cor-

K ij

beil & Foreſt de Senart, tant pour
que ce ſont Offices non venaux &
ſans aucun droit de chauffage : qu'auſſi
eſtans eſtablis pour la ſeule conſervation de noſtre Plaiſir, Nous deſi-
rons de les pouvoir changer à noſtre
volonté, ſelon qu'ils ſe comporteront
dans leurs Charges : neantmoins au
prejudice de toutes ces choſes, & ſans
y faire la conſideration qui ſe devoit,
ſous pretexte que par erreur, inad-
vertance, ou autrement, on a fait
couler dans le ſuſdit Edit ces mots
de Garde-Chaſſes ſans autre explica-
tion, on a auſſi compris leſdits Officiers de nos Chaſſes de ladite Foreſt
de Senart avec ceux deſdites Eaux &
Foreſts dans les taxes qui ſe ſont faites pour les ſuſdites attributions, &
meſme on a pour cela voulu uſer de
contrainte à l'encontre d'eux ; choſe,
du tout contraire à noſtre intention,
& de laquelle nous ayant eſté fait

plainte, Nous avons refolu d'y pourvoir. A CES CAUSES, & au-
tres bonnes confiderations à ce nous
mouvans, defirans fubvenir en cet en-
droit aux fufdits Officiers de nos Chaffes, & Gardes de nos Plaifirs en la
fufdite Capitainerie de Corbeil &
Foreft de Senart, fçavoir le Lieutenant, noftre Procureur, le Greffier,
& les Gardes, afin qu'ils ayent d'autant plus de moyen de faire tout bon
devoir en l'exercice de leurs Charges
pour la confervation de nos Plaifirs.
De l'advis de noftre Confeil, & de
noftre propre mouvement, pleine puiffance & authorité Royalle, Nous
avons dit & declaré, difons & decla-
rons par ces prefentes, fignées de
noftre main, que noftre intention n'a
point efté que lefdits Officiers des
Chaffes de ladite Foreft de Senart
fuffent compris dans le fufdit Edit du
mois de Mars 1637. portant attribu-

tion aux Officiers de nofdites Eaux
& Forefts, de l'heredité de leurs Offices, augmentation de gages, & confirmation du chauffage, ni ès Rolles des Taxes qui en ont été faites à
cette occafion & entant que befoin
eft ou feroit, Nous les avons excep-
tez & dechargez, exceptons & de-
chargeons par cefdites prefentes, fans
qu'il puiffe eftre pris ni levé aucune
chofe fur eux à cette occafion, à peine de concuffion & de tous defpens
dommages & interefts, contre ceux
qui fe voudroient immifcer à en faire
le recouvrement, quelques quittances de Finance & contraintes qui en
ayent pû eftre expediées, lefquelles
Nous avons revoquées & revoquons
comme nulles & de nul effet, & ayans
efté expediées contre noftre intention, & où ils auroient efté contraints
d'en payer aucune chofe, Nous voulons qu'il leur foit rendu & reftitué

par les mefmes voyes & contraintes defquelles on aura ufé envers
eux. Si donnons en mandement à
noftre très - cher & Feal le Sieur
Seguier, Chevalier, Chancelier de
France que nos prefentes Lettres de Declaration ils faffent lire &
publier en noftre grande Chancelle-
rie, le Sceau tenant, & regiftrer ès
Regiftres d'icelle, pour eftre executées felon leur forme & teneur. Et
à nos amez & feaux Confeillers les
Gens tenans noftre Cour des Aydes
qu'ils les faffent femblablement enregiftrer, & du contenu d'icelles jouir
& ufer lefdits Officiers de nos Chaffes en la fufdite Capitainerie de Corbeil, & ce qui en dépend, pleinement & paifiblement, ceffant & faifant ceffer tous troubles & empefche-
mens, nonobftant la claufe portée par
le fufdit Edit, auquel nous avons
derogé pour ce regard , & toutes au-

tres chofes à ce contraires. Car tel
eft noftre plaifir. En témoin dequoy
Nous avons fait mettre noftre feel
à cefdites prefentes. Donné à Saint
Germain en Laye le 24 jour de May
l'an de grace mil fix cens trente-neuf.
Et de noftre regne le vingt-neufiéme.
Signé Louis, & fur le reply par le
Roy, De Lomenie. Et fcellé du grand
Sceau de cire jaune. Et encore fur le-
dit reply eft efcrit ; Lû & publié
le Sceau tenant, de l'Ordonnance de
Monfeigneur Seguier, Chevalier,
Chancelier de France, moy Confeil-
ler du Roy en fes Confeils, & Grand
Audiancier de France, prefent. Et re-
giftré ès Regiftres de l'Audiance de
France. A Paris le vingtiefme jour
de Juin mil fix cens trente-neuf.

Signé, LYONNE.

Sur

Sur l'autorité & le pouvoir des Capitaines vis-à-vis les Officiers des Capitaineries, on peut consulter (au Code des Chasses) l'Ordonnance du 24. Janvier 1695. qui *permet aux Capitaines de déposseder , ou interdire & commettre ,* suivant l'exigence des cas.

Sur le droit de Nomination qui appartient aux Capitaines, pour toutes les Charges des Capitaineries, qui viennent à vaquer par decès, demission ou destitution, on peut consulter,

1°. La Création de la Varenne du Louvre (*suprà p.* 19 & 101.)

2°. L'Erection de la Capitainerie de Vincennes (au Code des Chasses.)

3°. Un Arrêt du Conseil du 10 Juin 1713. qui a jugé contradictoirement entre la Veuve d'un Officier & le Capitaine de la Varenne du Louvre, *que la Nomination & disposition de*

L

l'Office vacant appartenoit au Capitaine, quoique la Veuve rapportât des quittances de droit annuel, & autres titres semblables. M. Bontemps Capitaine, fut *maintenu & gardé dans le droit de difposer.* . . . . . .

Nota. Les Prépofés aux Parties Cafuelles ne font point difficulté de recevoir les fommes qu'on leur apporte, & d'en donner quittance, fans que ceux qui payent, & qui payent fouvent avec deffein de fe prévaloir de leurs payemens, puiffent en tirer aucune conféquence, par rapport à l'Hérédité.

4°. L'Arrêt du Confeil du 11 Janvier 1744. qui (nonobftant une prétenduë Hérédité perpetuée pendant plus de cent ans, à la faveur d'une Paulette & autres Droits de la même nature, exactement payés & acquittés) a declaré en conformité du Droit commun des Capitaineries,

que la Charge de Procureur du Roi
de Saint Germain en Laye étoit sujette
à la Nomination du Capitaine.

EXTRAIT des Regiſtres du Conſeil d'Eſtat.

Du 11 Janvier 1744.

VEU au Conſeil d'Etat du Roi,
Sa Majeſté y étant, la Requête preſentée en icelui , par le Sieur
le Grand, Prevoſt de Saint Germain
en Laye, Contenant, que ſuivant
les arrangemens par lui pris avec ſa
famille, il s'étoit flatté de pouvoir
ſuccéder au feu Sieur ſon Pere dans
la Charge de Procureur de Sa Majeſté en la Capitainerie des Chaſſes de Saint Germain, & de n'avoir
à cet égard d'autres formalités à rem-
plir que celles qui s'obſervent pour
les Offices Héréditaires ; mais que le
Sieur Maréchal de Noailles, en ſa

124

qualité de Capitaine des Chaſſes,
prétend, que les Proviſions n'en peuvent être expediées que ſur ſa Nomination, ainſi qu'il s'eſt toujours
pratiqué pour les autres Capitaineries
Royales ; ce qui met le Suppliant
dans la néceſſité de recourir à Sa Majeſté, & de lui repreſenter, Que
depuis plus d'un ſiécle, la Charge
dont eſt queſtion, a été poſſedée par
ſes ancêtres, comme une Charge héréditaire, & ſans que les Sieurs Capitaines des Chaſſes ayent jamais exi-
gé qu'on prît leur Nomination ; En
effet, le Suppliant obſervera, Qu'an-
ciennement l'Office de Procureur de
Sa Majeſté en la Capitainerie des
Chaſſes de Saint Germain étoit tellement confondu avec celui de Procureur de Sa Majeſté en la Maîtriſe, que
les deux ſembloient n'en former qu'un ;
Qu'ils étoient ainſi réunis en 1618. &
1628. lorſque Michel le Grand &

René fon fils, en furent pourvûs;
Qu'en *1655.* Georges le Grand, fils
de René, obtint pareillement des Provifions de l'Etat & Office de Procureur de Sa Majefté en la Maîtrife &
Capitainerie des Chaffes de S. Germain, pour lequel il paya à S. M.
les Droits de furvivance & de marc
d'or & l'annuel ; Que le même Georges le Grand ayant refigné en *1687.*
en faveur du Sieur Moreau, l'Office
de Procureur de S. M. en la Maîtrife,
le Tréforier des Parties Cafuelles fit
difficulté de l'admettre au huitiéme
denier, parce qu'on ne rapportoit aucunes Provifions particulieres de cet
Office, mais feulement celles par lefquelles ledit Sieur le Grand en étoit
pourvu conjointement avec celui de
Procureur de S. M. en la Capitainerie ; ce qui donna lieu à un Arrêt du
Confeil du *13* Decembre audit an,
qui ordonna que la réfignation feroit

admife au huitiéme denier ; Qu'en
1702. Georges le Grand réfigna l'Office de Procureur de S. M. en la Capitainerie, au Pere du Suppliant, qui
paya alors les Droits attachés aux Offices héréditaires , & racheta en 1712
le droit annuel : Qu'après un fem-
blable expofé le Suppliant croit devoir s'en rapporter à S. M. & attendre
qu'il lui plaife expliquer fur ce, fes
intentions. Vu auffi le Mémoire en
réponfe du Sieur Duc de Noailles ,
Pair & Maréchal de France, Gouverneur & Capitaine des Chaffes de S.
Germain en Laye, contenant , en fub-
ftance, Que le pouvoir de conferver
ou de changer les Officiers des Chaffes, felon qu'ils fe comportent dans
leurs Charges , a toujours été une
condition inféparable de ces fortes
d'Offices, attendu qu'ils ont été établis pour la feule confervation des
Plaifirs de Sa Majefté , fans avoir

jamais été créés sur le pied d'Offices Venaux & Héréditaires ; Que c'eſt
par cette raiſon, que dans toutes les
Proviſions accordées par Sa Majeſté
aux Officiers de ſes Chaſſes & Plaiſirs, ſe trouve employée cette Clauſe (*& ce tant qu'il nous plaira*) Clauſe préciſe, qui détermine tellement le
Droit Commun & la Nature des
Charges des Capitaineries de Maiſons
Royales, qu'aucuns Officiers n'y peuvent être admis, qu'en obtenant des
Proviſions de Sa Majeſté, ſur la Nomination préalable des Capitaines,
& n'y peuvent être conſervés, qu'autant qu'ils ſe comportent dans leurs
Charges d'une maniere irréprocha-
ble : Que ſi dans les beſoins de l'E-
tat, la Vénalité & l'Hérédité ont été
admiſes dans les Offices de Judicature & de Finance, ceux de la Maiſon
de Sa Majeſté, & nommément ceux
de ſes Chaſſes & Plaiſirs, ont été dé-

L iiij

clarés *non Venaux*, ce qui les a perpé-
tués dans la Nature primitive des
Charges, lesquelles n'étoient posse-
dées originairement, que par Office
& par Commiſſion ; ainſi d'une part,
point d'Edit qui ait créé & rendu Héréditaires les Offices des Chaſſes &
Plaiſirs ; d'autre part, point d'Offices
plus dignes d'être maintenus dans
leur premiere Nature, que ceux qui
appartiennent directement & immédiatement aux Plaiſirs de Sa Majeſté:
Que pour ſe convaincre pleinement
que les Rois Prédéceſſeurs de Sa Majeſté n'ont jamais entendu accorder
l'Hérédité aux Offices de Capitaineries de Maiſons Royales, & qu'elle
eſt même incompatible avec leur éta-
bliſſement & deſtination, il ſuffit de
conſulter la Déclaration du 24 Mai
1639. l'Edit du mois d'Avril 1676.
& l'Ordonnance du 14 Janvier 1695.
dont les diſpoſitions ſont claires & dé-

cisives sur cette matiere; Qu'ainsi, soit qu'on prétende tirer avantage de ce que depuis plus d'un siécle, la Charge de Procureur de Sa Majesté en la Capitainerie de Saint Germain en Laye a été exercée par des Titulaires d'une même Famille; soit que l'on veüille opposer, que pour s'en transmettre l'exercice, les mêmes Titulaires ont pris la voye de la Résignation, & payé les Droits ausquels les Offices Héréditaires sont sujets; soit enfin qu'on se fonde sur ce que cette Charge a longtems été possedée par les pourvûs de la Charge de Procureur de Sa Majesté en la Maîtrise particuliere de Saint Germain; tous ces Faits, qui ne sont que particuliers, ne sçauroient déroger aux Regles générales, ni à la maxime reçuë en matiere d'Offices, qu'un seul & même Possesseur de deux Charges qui ont l'une & l'autre une Nature distincte

& féparée, ne peut pas les dénaturer & les incorporer par fon propre fait, en un feul Corps d'Office Héréditaire : D'où il réfulte que l'Hérédité étant incompatible avec les Charges de Capitaineries Royales, & que la Nomination du Capitaine devant toujours précéder les Provifions de chaque Officier, il y a d'autant moins de difficulté de fe déterminer dans l'efpéce préfente, qu'il ne s'agit que de fe conformer au Droit Commun des Capitaineries Royales, Oui le Rapport.

LE ROY E'TANT EN SON CONSEIL, a ordonné & ordonne, que conformément à fes Ordonnances, Déclarations, & Reglemens intervenus au fujet des Capitaineries de fes Maifons Royales, le Sieur le Grand ne pourra être pourvû de la Charge de Procureur de Sa Majefté en la Capitainerie des Chaffes de Saint Germain eu Laye , qu'après

avoir pris la Nomination du Sieur
Maréchal de Noailles , ſans que ſous
quelque cauſe & prétexte que ce ſoit,
ledit Sieur le Grand puiſſe être obli-
gé de tenir à ſa Famille aucun com-
pte de ladite Charge dans la Succeſ-
ſion du feu Sieur ſon Pere : Veut
Sa Majeſté qu'à l'avenir , nul ne
puiſſe être pourvû de ladite Charge, que ſur la Nomination du Capitaine des Chaſſes de ladite Capitainerie. Fait au Conſeil d'Etat du
Roi , Sa Majeſté y étant, tenu à
Verſailles le onziéme Janvier mil
ſept cens quarante - quatre.

Signé, PHELYPEAUX.

IVᵐᵉ. DIVISION.

Piéces Justificatives des Privile-
ges des Officiers.

SUR ce Chef on peut ouvrir le
Code des Commensaux & le Code des Chasses qui sont abondans en
autorités en faveur de la Commensalité & des Privileges y attachés.

Pour entrer dans un détail plus
particulier, s'offrent les Piéces qui
suivent.

1°. L'Ordonnance du mois de Juin
1680. sur les Droits d'Entrées & d'Aydes, qui maintient (tit. 9. art. 4.)
les Nobles ; Officiers des quatre Cours
de Paris ; Secretaires du Roi, Mai-
son & Couronne de France, & Of-
ficiers Commensaux servans actuelle-

ment, dans le Privilege de vendre en gros le Vin de leur crû, sans payer aucun autre Droit que celui d'augmentation.

2°. L'Arrest suivant.

EXTRAIT des Registres du Conseil d'Estat.

Du 28 Janvier 1685.

SA MAJESTE' étant informée que le Sieur Duc du Lude, Gouverneur & Capitaine de Saint Germain en Laye, a pour la plus grande sûreté de son Château, Chasses & Plaisirs, établi plusieurs Gardes demeurans tant dans ladite Capitainerie, que dans les Villages circonvoisins d'icelle, pour tenir la main à l'execution des Ordonnances & Reglemens faits par Sa Majesté, sur le fait des Chasses, particulierement celle du mois d'Août 1669, & gar-

der avec plus d'exactitude ladite Capitainerie dans ſes confins & limites,
même les dehors d'icelle ; & pour empêcher que les Seigneurs & Gentils-
Hommes des Lieux circonvoiſins ne
chaſſent, ſi ce n'eſt à une lieüe d'étendüe de ſes Plaiſirs, conformément à
l'aricle XIV. de l'Ordonnance de
1669. & auſſi pour empêcher que
leſdits Seigneurs & Gentils-Hommes
ne chaſſent aux Chevreuils ou Bêtes
noires, ſi ce n'eſt à trois lieues de
diſtance deſdits Plaiſirs, conformément à l'art. XVI. de la même Ordonnance : Que quoique leſdits Gardes ſoient du nombre de ceux em-
ployez ſur l'Etat envoyé par Sa Majeſté en ſa Cour des Aydes, & que
par leur Création, & pluſieurs Declarations, Sa Majeſté leur ait accordé, les mêmes Privileges & Exemptions qu'au reſte des Commenſaux

de Sa Maifon, néanmoins Touffaint
Midy l'un des Gardes, demeurant dans
la Paroiffe de Groflay, ne laiffe pas
d'être tourmenté tant de la part des
Fermiers des Aydes, pour le payement
du gros du Vin de fon crû, que
par les Habitans de ladite Paroiffe
de Groflay, où il eft demeurant,
qui fous prétexte que ledit Midy n'eft
pas domicilié dans l'étendüe de ladite Capitainerie, l'impofent aux Rolles des Tailles de ladite Paroiffe,
même l'ont fait condamner par Sentence de l'Election de Paris du quin-
ze du prefent mois, de payer la fomme à laquelle il a été impofé, fans
avoir égard audit Privilege; ce qui
lui caufe plufieurs Procès, le con-
fomme en frais, & le détourne de
faire le devoir de fa Charge : Defi-
rant remédier à un tel abus, favo-
rablement traiter ledit Midy, & lui

donner moyen de continuer ſes Ser-
vices pour la garde & conſervation
de ſon Château, Chaſſes & Plaiſirs.
LE ROY ETANT EN SON
CONSEIL a ordonné & ordonne
que ledit Touſſaint Midy, Garde en
ladite Capitainerie de Saint Germain
en Laye, jouira en ladite qualité, des
Privileges & Franchiſes, Immunités &
Exemptions attribuées à ſadite Charge de Garde, nonobſtant qu'il faſſe
ſa réſidence audit Village de Groſlay,
pourvû qu'il ſoit couché & employé
en ladite qualité ſur l'Etat des Officiers de ladite Capitainerie qui doivent jouir des Privileges, qu'il ne
tienne aucune Ferme ou Cabaret, &
ne faſſe autre Acte dérogeant. FAIT
au Conſeil d'Etat du Roy, Sa Majeſté y 'étant, tenu à Verſailles le
ving-huitiéme Janvier mil ſix cens
quatre-vingt-cinq. Signé, PHELY-
PEAUX.

La

3°. La Declararion du 2.° Octobre 1689. qui porte expressément (art. 4.) *que les Officiers & Gardes des Capitaineries des Chasses des Maisons Royales ne joüiront d'aucuns Privileges , s'ils ne servent actuellement & ne font leur résidence dans les Lieux de la Capitainerie, où ils auront Charge.*

D'où il suit qu'un Officier des Plaisirs qui fait sa résidence & ses fonctions dans une Capitainerie Royale, est au nombre *des Officiers Commensaux servans actuellement.*

4°. L'Arrêt du Conseil du 30 Juillet 1726. dont les principales dispositions sont rapportées dans le Corps du Mémoire. Cet Arrêt ordonne *que les Ordonnances , Edits & Déclarations des 20 Mars 1673 , Juin 1680. &*

M

autres Reglemens donnés en faveur des Officiers Domestiques & Commensaux de sa Maison & des Maisons Royales, seront executés selon leur forme & teneur.

50. L'Arrest suivant.

ARREST
CONTRADICTOIRE
DE LA COUR
DES AYDES.

Qui maintient les Gardes de la Capitainerie de Saint Germain en Laye, dans l'Exemption du Gros.

Du 23. Août 1741.

LOUIS, par la Grace de Dieu, Roi de France & de Navarre: Au premier notre Huissier de notre

Cour des Aydes, ou autre notre
Huiſſier ou Sergent ſur ce requis.
Sçavoir faiſons qu'entre Jerôme Buard,
Garde à cheval en titre, de nos Plaiſirs de la Capitainerie de Saint Germain en Laye, demeurant à Seve,
Appellant de la Sentence de l'Election de Paris, du vingt-trois Janvier
mil ſept cens trente, d'une part ; &
Pierre Carlier, ci-devant Adjudica-
taire Général de nos Fermes-Unies,
Intimé d'autre part ; & encore entre
ledit Jerôme Buard eſdites qualités,
Demandeur aux fins de la Commiſſion du trois Juin dernier, ſuivant
l'Exploit du même jour, tendante à
fin de voir declarer commun avec le
Deffendeur cy-après nommé, l'Arrêt
qui interviendroit ſur ledit Appel contre ledit Carlier, & procéder en outre ſur les autres fins & concluſions
qui ſeroient priſes contre lui d'une

part ; & Jacques Forceville, Adjudi-
cataire actuel, & Général des Aydes,
& Fermes-Unies de France, Défendeur d'autre part ; & entre ledit Buard
esdites qualités, Demandeur en deux
Requêtes, des cinq Juillet & dix-sept
du present mois d'Août : La premiere, tendante à ce que faisant droit
sur sondit Appel, l'Appellation, &
ce dont est Appel fussent mis au
néant, émendant Acte lui fût donné des Significations & Sommations qu'il a fait faire les 21 Novembre 1740. & 19 Janvier 1741 au
Fermier auquel les Droits seroient
dûs, cessant son Privilege : en conséquence, il soit ordonné que ledit
Jacques Forceville esdits noms sera
tenu de lui faire delivrer des Congés
privilegiés pour la vente des Vins
procédant de son crû, aux offres y
contenües de payer les Droits dûs par

lesdits Privilegiés, sinon que ledit
Arrêt vaudra ordre, en vertu duquel
le Buraliste du Domicile dudit Buard,
sera contraint, même par corps, de lui
délivrer les congés Privilegiés dont
il aura besoin : & pour son refus &
le retard apporté à la délivrance des
Vins vendus par ledit Buard ; ledit
Forceville fût condamné en tels dommages interêts qu'il plairoit à la
Cour arbitrer ; & en tous les dépens
des causes principale, d'appel, & de ladite demande ; & la seconde, tendante à ce que faisant droit sur ledit appel, en conséquence de nos Edits &
Déclarations, & Arrêts de notre Conseil y expliqués, les conclusions prises
par ledit Buard contre lesdits Carlier,
& Forceville, leur soient adjugées avec
dépens des Causes principale, d'appel & demande, d'une part ; & lesdits
Carlier & Forceville esdites qualités

Défendeurs d'autre part ; & entre Jacques Lhomme, Pierre la Virpiere, Simon Durid, Clement Ribault, Jean Beauvais, Etienne Roger, Clement Laudron, François Conrade, Julien-Pierre Forin, Pierre Fillette, Thomas Jouanne, Jean Chapelle, Claude d'Orange, & Jean-François Colas, enfemble Marie Gredin Veuve de Claude Dumont, tous Gardes de nos Plaifirs de la Capitainerie de Saint Germain, Demandeurs en Requête du vingt-huit Juillet en la conteftation pendante en notredite Cour entre ledit Buard & ledit Forceville, Acte leur foit donné de leur Emploi du contenu en ladite Requête, pour moyens d'intervention, & y faifant droit, il leur foit donné Acte des Significations & Sommations qu'ils ont fait faire audit Forceville ; en conféquence il foit ordonné qu'icelui For-

œville fera tenu de faire délivrer à
tous les Intervenans des Congés Privilégiés, finon que le prefent Arrêt
vaudra ordre, en vertu duquel les
Buraliftes des Domiciles defdits Intervenans feront contraints même par
corps de leur délivrer les Congés Privilégiés, dont ils auront befoin ; ce
faifant, Forceville fût condamné en
tels dommages interêts qu'il plairoit
à la Cour arbitrer, & en tous les dépens d'une part ; & ledit Jacques Forceville efdits noms, Défendeur d'autre part, après que Doullet le Jeune, Avocat de Buard, Merlet Avocat des Intervenans, Guerin Avocat
de Carlier & de Forceville, ont été
oüis, enfemble de la Bedoyere, pour
notre Procureur General, & que la
caufe a été plaidée pendant deux Au-
diances. NOTRE DITE COUR
a reçu lefdites Parties de Merlet,

Parties Intervenantes, faifant droit fur
leur intervention ; ayant aucunement
égard aux Requêtes des Parties de
Merlet & de Doullet le Jeune, au
principal, faifant droit fur l'appel,
a mis & met l'appellation, & ce dont
a été appellé au néant, émendant, a
déchargé ladite Partie de Doullet,
des condamnations contre lui pronon-
cées, ordonne que nos Edits & Déclarations feront executées felon leur
forme & teneur, en conféquence a
maintenu lefdites Parties de Doullet,
& de Merlet, dans l'Exemption du
Droit de Gros ; ordonne que ladite
Partie de Guerin fera tenüe de donner
des Congés Privilégiés aufdites Parties de Doullet & de Merlet, en payant
par eux les Droits d'augmentation &
autres Droits dûs par les Privilégiés,
& en fatisfaifant aux Reglemens. Sur
le furplus des demandes, fins & con-
clufions

clufions des Parties, les a mifes hors
de Cour & de Procès : Condamne ladite Partie de Guerin aux dépens, tant
des caufes principale, que d'appel,
même en ceux faits par lefdites Parties de Merlet. Si te mandons mettre
le prefent Arrêt à dûë & entiére exé-
cution ; de ce faire te donnons pouvoir. DONNE' à Paris, en la Premiere
Chambre de Notredite Cour des Aydes, le vingt-troifiéme jour d'Août,
l'an de grace mil fept cens quarante-
un, & de notre Régne le vingt-fixié-
me. Collationné. Signé, LE FRANC.

M

ICI

DOIVENT ESTRE PLACE'ES

treize Cartes.

Pour tracer, décrire & figurer
l'étendüe , la confiftence & les
limites des treize Capitaineries
Royales , réfervées par la Déclaration du 12 Octobre 1699.

1. Varenne du Louvre.
2. Bois de Boulogne.
3. Vincennes.
4. S. Germain en Laye.
5. Livry.
6. Fontainebleau.
7. Monceaux.
8. Compiegne.
9. Chambor.
10. Blois.
11. Halatte.
12. Corbeil.
13. Limours.

www.ingramcontent.com/pod-product-compliance
Lightning Source LLC
Chambersburg PA
CBHW050025100426
42739CB00011B/2788